Palaté

3 goevos, 1 v
de arina
         barichtriado won
do en oun tchini que de
antes ya esta en la loumbre
ountado boeno de manteca,
aboltarla la filica i coando
se abacha se ounta de doulse
or de cachcaval raido i se
arodea como roulean.

_____

         Peronchcasi:
2 vasos de arina i ouna coutchar
de vinagre i agoa i oun poco de
sal, tomar la massa i
dechárla ½ ora reposar.
         Aspoes se avre ouna
fila con reyador delgada i
se ounta 1/4 de manteca
fresca (no diritida) que se
tape la fila entera, se
doubla oun bogo i se déchа
                    yelar

DULCE LO VIVAS

ANA BENSADÓN

Dulce lo vivas

La repostería sefardí

Prólogos de Juan Mari Arzak y Benito Garzón

mr · ediciones

Primera edición: marzo de 2006

© 2006, Ana Bensadón
© 2006, Benito Garzón, por el prólogo
© 2006, Juan Mari Arzak, por el prólogo
© 2006, Manuel Renau, por las fotografías
© 2006, Ediciones Martínez Roca, S. A.
Paseo de Recoletos, 4. 28001 Madrid
www.mrediciones.com
ISBN: 84-270-3237-4
Depósito legal: M. 7.136-2006
Fotocomposición: J. A. Diseño Editorial, S. L.
Impresión: Brosmac, S. L.

Impreso en España – Printed in Spain

Índice

Dulces tradicionales sefardíes

Dulces de hoy por una sefardí

A mis queridos hijos

«Anda, come tu pan con alegría y bebe contento tu vino,
porque Dios ya ha aceptado tus obras.»

Cohélet-Eclesiastés 9,7

La cocina de un pueblo, como cualquier otro aspecto de
su cultura, es reflejo de su historia. La cocina judía, tan
rica y variada, también es resultado de una historia mile-
naria que conoció horizontes humanos y geográficos muy
diversos. En cada tiempo y en cada lugar, los judíos hemos
sabido aportar el mensaje de nuestra identidad celosamen-
te conservada y, a la vez, integrar expresiones culturales aje-
nas, enriqueciendo así el acervo propio.

Por lo tanto, un libro cualquiera de cocina judía nos trae-
rá siempre el eco de una sorprendente simbiosis entre lo
particular y lo universal. Éste, escrito por Anita Bensadón,
para nuestro deleite, es además el reflejo de su reconocida

creatividad y de su inteligente inventiva, cualidades ambas que, junto a su fidelidad a nuestras tradiciones, le han valido el cariñoso título de «maestra de generaciones».

Anita nos habla hoy de dulces. Para un sefardí —recordemos que la tradición sefardí es un importante vector de la cultura española— «adulzar la boca» es algo más que comer un dulce. El dulce se convierte primero en pretexto para romper el hielo de la otredad, construyendo con palabras puentes para la comunicación de las almas. Empezamos agradeciendo con el tradicional «dulce lo vivas» y bendiciendo a D.os, «que todo lo creó con su palabra», apreciando luego el sabor, el aroma, preguntando a la anfitriona por tal o cual ingrediente cuya presencia se adivina, y finalmente, una vez establecida la confianza, acabamos pidiendo la receta y recordando a quien nos la proporcionó, como hace fielmente Anita Bensadón al encabezar algunas de las recetas de la primera parte del libro con el nombre de quien se la dio, en prueba de agradecimiento.

Este libro contribuirá sin duda a mantener la fidelidad a nuestras venerables tradiciones y a transmitir a las nuevas generaciones los recuerdos, sabores y aromas que las mantendrán unidas, aun en la distancia, a la mesa familiar, a los valores de un pueblo y de una historia a los que pertenecen y que les pertenecen. Y así, poder seguir transmitiendo y compartiendo con todos nuestra memoria.

Este libro nos va a permitir recordar con alegría lo que se fue, hablar con agradecimiento y legítimo orgullo de lo que heredamos y, con empeño y esperanza, perpetuarlo.

Con esta obra, Anita Bensadón está compartiendo con sus lectores parte del legado cultural que heredó de sus antepasados, enriquecido por su experiencia personal y su admirable creatividad, como auténtica experta que es en materia culinaria.

Este recetario, que merece estar en las mejores bibliotecas de gastronomía, contiene fórmulas de verdadero alquimista para satisfacer los paladares más exigentes.

Disfrútenlo.

RABINO BENITO GARZÓN

Prólogo

Pocas veces he sentido tanta satisfacción al escribir un prólogo como en este caso, para un peculiar e interesante recetario de repostería, con precioso título: «Dulce lo vivas», elaborado por una buena amiga: Anita Bensadón. Un título, por cierto, no sólo muy poético en sí mismo, sino que tanto evoca una de las culturas más dignas de admiración: la sefardí.

Y es que, desde el siglo XV, la cocina sefardí se ha adaptado, sin faltar al respeto a las leyes dietéticas judías, a las tradiciones culinarias de los países que acogieron a los exiliados de España. Se ha dicho muy acertadamente que «Del exilio se llevaron: una identidad judía indefectible, una lengua, canciones, cuentos, la nostalgia de una España que no se desdibujará, una cocina en la que se mezclan deliciosamente los perfumes de Oriente y los sabores de Occidente».

Por otra parte, no es de extrañar que se dé tanta importancia en la cocina judía a los dulces, a la repostería. Una querencia golosa que va mucho más allá del puro deleite paladial para convertirse en un uso social y religioso de primer orden.

Así en la conocida y apasionante obra, escrita en judeo-español, *El gizado sefaradí* —cuyos autores son Moshe Shaul, Aldina Quintana y Zelda Ovadia—, al hablar con detalle de los *dulses* (dulces), se señala que «uno de los más hermosos usos del folklore sefardí era el de endulzar a la gente que veía a visitar a la casa, sobre todo en ocasiones festivas. Existía toda una ceremonia con sus reglas bien fijadas y en las cuales se reflejaban muy bien aspectos diversos de la vida social y familiar sefardí».

Así mismo me ha parecido muy interesante en esta obra el origen de las recetas. Por un lado, las más tradicionales e inequívocas golosinas sefardíes. Por otra parte, una interesante recopilación de golosas recetas, también sefardíes, de señoras de distintos países como España, Marruecos, Venezuela, Francia, Canadá e Israel. Algunas de ellas ya desaparecidas, pero que afortunadamente nos dejan un legado impagable. Y por último, un recetario de repostería no estrictamente judaico, pero de cosecha propia, de la autora del libro.

Qué mejor que acabar con una cita sefardí que viene muy a cuento de lo que aquí se trata: *palabra dulse avre puerta de fierro.*

JUAN MARI ARZAK

A mis lectores

Desde la más tierna infancia nacen en nuestros corazones gustos, preferencias e inclinaciones. En mi caso la pasión por la cocina surgió desde mis primeros años, sobre todo por la repostería, que sigue ejerciendo sobre mí un misterioso atractivo.

Recuerdo que mi madre y mis tías me llevaban a un salón de té francés, Chez Porte. Madame Porte, que así se llamaba la dueña, una señora, por cierto, muy distinguida, nos recibía ceremoniosamente en la puerta. Aún siento la mano cálida de mi madre guiándome entre las mesitas impecablemente puestas. Las señoras, elegantemente ataviadas, conversaban en voz baja. De pronto, la apoteosis: precedidos por su delicioso aroma, llegaban los pasteles, dispuestos todos y cada uno de ellos a gustarme. Qué dilema... ¡Cómo elegir entre tantas y tan suculentas tentaciones!

Crecí entre fijuelas en almíbar, bollos, bizcochitos de canela, rosquitas de anís, letuarios y bienmesabes. Mamá

Simy, mi abuela, los preparaba con esmero durante toda la semana para «adulzar la boca» a los parientes y amigos que solían visitarla los sábados por la tarde. Aquellos dulces servidos en preciosos recipientes de cristal me siguen cautivando hasta hoy.

Los dulces sefardíes son memoria de un territorio, Sefarad (España), y de una cultura que tuvimos que abandonar, para crearla en otro lugar. Por eso, estos sabores y colores son el testimonio de un mundo en el que la palabra y el alimento se resisten a morir en el baúl de los recuerdos. Y yo, determinada a mantener esos recuerdos vivos por la referencia que puedan significar para mis hijos y nietos, he escrito este libro para ellos, que tanto me han animado a hacerlo.

Ha sido para mí un reto interesante traducir las medidas dadas en las recetas antiguas, menos exactas, ya que todo se convertía en una mano de almendras, harina la que admita, agua la que entre, masa rala, una taza de avellanas americanas, un vaso menos un dedo de azúcar, masa lista como para estirar con fruslero, enviar al horno, *topisicos* (bolitas), *carichtriado* (removido), e*scodiado* (servido), *achlearlas* (envolverlas), *assoucar minuda* (azúcar glas), *fildjanicos* (vasitos), *pilichcos* (pellizcos), etcétera. Estas últimas palabras, reproducidas en las guardas de este libro, pertenecían a la madre de mi consuegro, la señora Estrella Mitrani, nacida en Plovdiv (Bulgaria) en 1881, quien ha escrito todas sus recetas en judeoespañol con influencia de vocabulario francés.

Algunos de estos postres tienen títulos asociados a un nombre, ya sea de un familiar o de una amiga, todas buenas reposteras. Con gran placer y orgullo he podido recopilar muchas de éstas, cedidas con el máximo cariño por todas mis amigas de todas partes del mundo. Aprovecho esta ocasión para agradecer a cada una de ellas muy sinceramente su aportación a este libro.

Junto a los dulces sefardíes más tradicionales recogidos en la primera parte del recetario, he introducido, en la segunda, recetas distintas, no sefardíes, algunas sencillas, otras más complicadas, adquiridas a través de la experiencia, creadas o modificadas por mí. También aquí encontrarán recetas de amigas y amigos que quisieron colaborar conmigo dándome sus secretos con el mismo fin, el de perpetuarlos para sus hijos y nietos.

De ustedes, queridos lectores, dependerá también que, junto a este recetario, permanezcan vivos también los valores humanos y espirituales que trasladan de generación en generación las hermosas tradiciones de los sefardíes, palabra que para mí es, más que un gentilicio, un título de nobleza.

ANA BENARROCH DE BENSADÓN

DULCES TRADICIONALES SEFARDÍES

Almendrados

Ingredientes:
- 250 g de almendras peladas
- 200 g de azúcar
- 2 huevos
- ralladura de un limón grande
- azúcar para rebozar
- algunas almendras enteras peladas para decorar

Elaboración:
1. Triturar las almendras.
2. Mezclar todos los ingredientes y trabajarlos con la mano amasando bien.
3. Dejar reposar la mezcla un mínimo de 12 horas.
4. Formar unas bolitas del tamaño de una nuez de 3 a 4 cm de diámetro, pasarlas por azúcar e introducir una almendra pelada en el centro de cada una.
5. Disponerlas sobre un Silpat y hornear de 4 a 5 minutos. La textura tiene que ser muy blanda al salir del horno para evitar que los almendrados se endurezcan al enfriar.

* * *

Véase fotografía.

Almíbar

Ingredientes:
- 400 g de azúcar
- 200 g de agua
- 200 g de miel
- medio limón con piel

Elaboración:
1. Poner en un cazo el azúcar, el agua y el medio limón partido en dos, remover hasta que el azúcar esté derretido. Cocer a fuego moderado. No puede volver a moverse porque entonces el almíbar quedaría opaco.
2. Cuando el jarabe esté en plena ebullición, agregar la miel.
3. Reducir el fuego y retirarlo antes de alcanzar el punto de hebra.
4. Tener en cuenta que el almíbar, cuando se enfría espesa.

* * *

Este almíbar sirve para rosquitas, fijuelas, fritos y toda fritura que necesite un baño de almíbar.

Almíbar flojo

Ingredientes:
- 250 cl de agua
- 300 g de azúcar
- dos cucharadas de whisky o agua de azahar (optativo)

Elaboración:
1. Poner en un cazo 250 cl de agua y 300 g de azúcar.
2. Cuando rompa el hervor, bajar el fuego y cocer a fuego moderado durante 10 minutos.
3. Retirar y añadir luego un poco de whisky o agua de azahar para perfumar.

* * *

Este almíbar sirve para emborrachar los discos de pasta real o cualquier bizcocho.

Berenjenitas en dulce

Receta de Licita Benatar
Nació en Casablanca y vive en Caracas

Ingredientes:
- 25 berenjenas lo más pequeñas posible
- 1 ½ kg de azúcar
- un tarro de 500 g de miel
- jengibre fresco machacado
- 8 clavos de olor
- una rama de canela
- unos granos de pimienta dulce
  (guayabita)

Elaboración:
1. Pinchar muy bien las berenjenas en crudo con un tenedor.
2. Poner en una cacerola, cubrirlas con agua fría y añadir el azúcar.
3. Hervir durante 10 minutos, rebajar el fuego, y dejar durante 2 o 3 horas a fuego lento.
4. Retírelas del fuego.
5. Preparar un atillo con una tela fina o una gasa y meter dentro todas las especias. Añadir la bolsita y medio tarro de miel y poner de nuevo al fuego.
6. Cuando empiece a hervir, bajar el fuego y dejar cocer durante 2 o 3 horas.

7. Agregar el resto de la miel. Las berenjenitas tienen que seguir cociendo durante 2 o 3 horas más, hasta que estén oscuras y en su punto.

Besitos de nueces

Receta de Hadra Levy
Nació en Tánger y vivió en Madrid

Ingredientes:
- 500 g de nueces partidas a trocitos
- 375 g de azúcar
- 6 claras
- 2 gotas de extracto de vainilla
- **crema de café:**
- 4 yemas
- 150 g de almíbar (véase receta p. 30)
- 200 g de mantequilla
- extracto de café (una cucharada colmada de café soluble con una cucharadita de whisky)

Elaboración:
1. Montar las claras a punto de nieve. Ir añadiendo poco a poco el azúcar.
2. Una vez firmes, mezclar con las nueces y añadir dos gotitas de extracto de vainilla.
3. Rellenar una manga pastelera con esta mezcla y hacer unos merenguitos. Disponerlos en un Silpat.
4. Hornear a 120 °C de 30 a 40 minutos hasta que estén bien secos.
5. Unir los merenguitos de dos en dos poniendo entremedias un poco de crema de café.

6. **Crema de café:**

Batir las yemas y agregar el almíbar en punto de hebra.

Seguir batiendo hasta que tome un color pálido y una consistencia cremosa.

Añadir el extracto de café y la mantequilla en trocitos poco a poco.

La crema ha de estar uniforme, ligada y brillante.

Bienmesabe

Receta de Celia Bendahan
Nació y vivió en Tánger

Ingredientes:
- una pasta real (véase receta p. 137)
- **crema de almendras:**
  400 g de almendra en polvo
  400 g de azúcar
  200 g de agua
  6 yemas
  4 cucharadas de agua de azahar
- **cabello de ángel:**
  2 tarros de 340 g cada uno de mermelada de cabello de ángel
- **almíbar flojo:**
  600 g de agua
  300 g de azúcar
  2 cucharadas de agua de azahar
- merengue para decorar

Elaboración:
1. Hacer una pasta real siguiendo la receta de la página 137.
2. Cortar el bizcocho horizontalmente para obtener tres discos de bizcocho o bien repartir la masa antes de hornearla en tres aros del mismo tamaño.

3. **La crema de almendras:**
   Triturar las almendras. También se puede utilizar polvo de almendra.
   Hacer un almíbar con el azúcar y el agua.
   En un cazo poner las almendras molidas y parte del almíbar (unas 12 cucharadas). Agregar las yemas una a una y poner a fuego medio.
   Añadir las cuatro cucharadas de agua de azahar.
   Mover continuamente, en cuanto se despegue la masa, hay que retirarlo del fuego y dejar reposar la crema.

4. **Cabello de ángel:**
   Poner la mermelada de cabello de ángel en un colador y enjuagarlo con medio vaso de agua de azahar. Este procedimiento hará que se separe el cabello de ángel de la mermelada y que a la vez se impregne del perfume de agua de azahar.

5. **Almíbar:**
   Hacer un almíbar flojo con 600 g de agua y 300 g de azúcar.
   Cuando lleve 10 minutos de cocción, agregar fuera del fuego dos cucharadas de agua de azahar.

6. **Montaje:**
   Disponer uno de los discos de bizcocho en la fuente donde se va a servir. Emborracharlo con parte del almíbar caliente.

Extender por encima la crema de almendras y cubrir
con el segundo disco de bizcocho.
Emborracharlo con almíbar y extender el cabello de
ángel.
Cubrir con el tercer disco de bizcocho y
emborracharlo con el resto del almíbar.
Dejar reposar y finalmente decorar con merengue.
Está mejor si reposa 24 horas en el frigorífico.

* * *

*Esta tarta se suele hacer para Rosh Hashaná, el año nuevo
judío. Dulce, redonda y blanca para que el año entre
dulce.*

Bienmesabe de Mercedes

Receta de Mercedes Serfaty de Serfaty
Nació en Tetuán y vivió en Venezuela

Ingredientes:
- **bizcocho (o pasta real):**
  6 huevos
  170 g de azúcar
  50 g de aceite
  3 cucharaditas de levadura en polvo
  1 ¼ vaso de harina
  ralladura de un limón
  30 g de azúcar para las claras
- **almíbar:**
  2 vasos de azúcar
  1 vaso de agua
  50 cl de ron tibio
  cáscara de limón
- **crema pastelera de almendras:**
  6 yemas
  200 g de azúcar
  3 cucharadas de harina
  2 tazas de agua
  150 g de almendra molida
  10 cucharadas de almíbar
- **crema de chocolate:**
  200 g de chocolate negro
  ¼ vaso de café o agua
  5 cucharas de crema pastelera de almendras

- **merengue de caramelo:**
  6 claras
  18 cucharadas de azúcar
  50 g de azúcar para el caramelo

Elaboración:
1. **Bizcocho:**
Batir las yemas con el azúcar hasta que
blanqueen.
Añadir el aceite, la ralladura de limón y la harina
cernida con la levadura en polvo.
Montar las claras a punto de nieve con los 30 g de
azúcar e incorporarlas suavemente a la crema de
yemas con la ayuda de unas varillas.
Dividir la masa en tres porciones. Cubrir tres bandejas
de horno con un Silpat o con papel encerado y colocar
un aro en cada una de las bandejas.
Extender cada porción de masa en el interior de
cada aro.
Hornear a 180 °C unos minutos hasta que estén
firmes y dorados.
Retirar del horno y aflojar los bordes del bizcocho
con un cuchillo.

2. **Almíbar:**
Este almíbar se utiliza para emborrachar el bizcocho
y aligerar la pasta de almendra.

En un cazo llevar a ebullición dos vasos de azúcar y uno de agua, añadiéndole la piel de un limón. Retirar del fuego y una vez tibio agregar los 50 cl de ron.

3. **Crema pastelera de almendra (*parve*):**
   Batir en la licuadora las yemas, el azúcar, la harina y el agua. Pasar la mezcla por un chino.
   Cocer a fuego lento sin parar de remover.
   Incorporar las almendras molidas. En caso de que la mezcla quede muy espesa, aclararla con unas cucharadas del almíbar.

4. **Crema de chocolate:**
   Derretir el chocolate con el café o el agua.
   Agregar cinco cucharadas de la crema pastelera de almendras.

5. **Montaje:**
   Poner un disco del bizcocho en la fuente de servir.
   Emborracharlo con el almíbar de ron caliente «ni mucho ni poco» (frase de la receta original).
   Extender la crema pastelera de almendras.
   Disponer encima el siguiente disco de bizcocho, emborracharlo con el almíbar y extender por encima la crema de chocolate.
   Recubrir con el tercer disco de bizcocho.
   Emborracharlo y recubrirlo finalmente con el resto de crema.

6. **Merengue de caramelo:**
   Poner los 50 g de azúcar al fuego hasta conseguir un caramelo rubio.
   Montar las claras a punto de nieve y agregar el azúcar poco a poco.
   Una vez estén bien firmes las claras, agregar el caramelo con mucho cuidado.
   Decorar la tarta con este merengue.

Bizcochitos «Rositas»

Receta de Sara Benarroch
Nació en Tánger y vive en Caracas

Ingredientes:
- 6 huevos
- 1 vaso de azúcar
- 1 vaso de aceite
- ralladura de un limón
- 3 cucharaditas de levadura en polvo
- ¾ kg de harina

Elaboración:
1. Mezclar los huevos con el azúcar, el aceite, la ralladura de limón y la levadura.
2. Agregar la harina hasta conseguir que la masa no se pegue en las manos.
3. Formar bolitas, rebozarlas con el azúcar y hacer unos cortes con tijeras formando una flor.
4. Hornear a 170 °C durante 10 minutos.

Bizcochitos de almendra y café

Receta de Simy Nahmiash
Nació en Tánger y vive en Madrid

Ingredientes:
- 250 g de almendras peladas y molidas
- 200 g de azúcar
- 3 claras
- 1 cucharadita de café soluble
- 1 cucharadita de extracto de vainilla
- algunas almendras enteras y peladas para decorar

Elaboración:
1. Batir las claras a punto de nieve.
2. Añadir el azúcar, la almendra molida, el café y la vainilla.
3. Hacer unas bolitas e introducir una almendra pelada en el centro de cada una.
4. Hornear a 180 °C durante 7 u 8 minutos.

Bizcochitos de tía Donna

Receta de Stella Lasry
Nació en Tánger y vive en Madrid

Ingredientes:
- 3 huevos
- 200 g de aceite
- 200 g de azúcar
- ralladura de una naranja
- 250 g de harina
- 100 g de maicena
- 2 cucharaditas de levadura en polvo
- canela en polvo

Elaboración:
1. Batir los huevos.
2. Añadir el azúcar, el aceite, la ralladura de naranja y poco a poco la harina tamizada con la maicena y la levadura.
3. Formar una masa más bien blanda.
4. Hacer unas bolitas y espolvorearlas con canela en polvo.
5. Hornear a 180 °C unos minutos hasta que se doren ligeramente.

Bizcochitos de miel

Receta de Rachel Bendahan
Nació y vivió en Tánger

Ingredientes:
- 2 huevos
- 150 g de aceite
- 180 g de azúcar
- 1 cucharadita de bicarbonato
- 4 cucharadas de miel
- 600 g de harina

Elaboración:
1. Mezclar todos los ingredientes excepto la harina en la batidora o a mano.
2. Agregar la harina poco a poco hasta obtener una masa más bien dura.
3. Formar unas croquetas de 5 cm más o menos.
4. Aplastarlas un poco y untar con clara de huevo sin batir.
5. Hornear a 160 °C unos 10 minutos.

Bizcochitos de miel de Ninette

Receta de Ninette O'Hayon
Nació en Oujda y vive en Caracas

Ingredientes:
- 5 huevos
- 1 vaso de azúcar
- 1 vaso de aceite
- 1 vaso de miel
- 350 g de maicena
- 1 cucharada de canela en polvo
- 1 cucharada de clavo en polvo
- unas cucharadas de harina para ligar la masa
- 2 yemas y 1 cucharada de vinagre blanco para el dorado

Elaboración:
1. Mezclar todos los ingredientes formando una masa homogénea.
2. Dar forma a unas galletas alargadas y ovaladas.
3. Aplastarlas y pintar las galletas con la mezcla de las yemas diluidas en el vinagre blanco.
4. Espolvorear con bolitas de colores y hornear a 180 °C hasta que estén doradas.

Bizcochitos rellenos

Receta de Rahel Kedmi
Nació y vivió en Tel Aviv

Ingredientes:
- **masa:**
  600 g de harina
  300 g de mantequilla
  100 g de azúcar glas
  2 cucharadas de agua o una yema
- **relleno:**
  250 g de dátiles deshuesados
  1 cucharada de canela
  100 g de nueces picadas
- azúcar para decorar

Elaboración:
1. Formar una masa con la mantequilla, la harina, el azúcar y el agua.
2. Extender la masa con el rodillo y cortar las galletas con un cortapastas.
3. Triturar los dátiles, mezclarlos con las nueces picadas y la canela en polvo.
4. Poner en el centro de cada galleta una cucharadita de esta mezcla presionando ligeramente para que se quede hundida en la galleta.
5. Espolvorear con el azúcar.
6. Hornear las galletas a 170 °C durante unos minutos.

Bizcocho de almendra de tita Esther

Receta de Esther Sananes
Nació y vivió en Tánger

Ingredientes:
- 7 huevos
- 250 g de almendra con piel
- 200 g de azúcar
- 1 cucharada de harina
- ralladura de un limón
- mousse de chocolate (véase receta p. 241)

Elaboración:
1. Triturar las almendras con piel. Mezclarlas con la harina y la ralladura de limón.
2. Batir los huevos con el azúcar en la batidora. Echar la almendra y la harina.
3. Untar un molde con aceite y cubrir el fondo con un papel vegetal.
4. Hornear a 180 °C hasta que al pinchar el bizcocho con una aguja ésta salga limpia.
5. Desmoldar en frío y cubrir con mousse de chocolate.

Bizcocho de avellanas de Pésaj

Receta de Esther Serfaty de Guenun
Nació en Tánger y vive en Las Palmas de Gran Canaria

Ingredientes:
- 9 huevos
- 9 cucharadas de azúcar
- 9 cucharadas de vino dulce
- 500 g de avellanas molidas
- mousse de chocolate (véase receta p. 241)
- avellanas caramelizadas para decorar

Elaboración:
1. Batir bien las yemas con el azúcar.
2. Agregar alternando una cucharada de avellanas molidas y una cucharada de vino dulce hasta completar las nueve cucharadas.
3. Montar las claras a punto de nieve e incorporarlas a mano.
4. Engrasar tres tarteras del mismo tamaño y volcar el preparado en cada una de ellas.
5. Hornear a 180 °C hasta que estén firmes. Es preferible verificar la cocción con un palillo.
6. Rellenar el bizcocho alternando con mousse de chocolate. Decorar la última base de bizcocho con mousse de chocolate y avellanas caramelizadas.

* * *

Pésaj: fiesta judía. Véase p. 281.

Bizcocho de naranja «Cinco oros»

Receta de Elyzabeth Gozal de Cohen
Nació en Tánger y vive en Caracas

Ingredientes:
- 250 g de mantequilla o margarina
- 220 g de azúcar
- una cucharadita de ralladura de mandarina
- 6 huevos (5 enteros +1 yema +1 clara)
- ¹/₂ taza de zumo de naranja
- ¹/₂ taza de zumo de mandarina
- 2 cucharaditas de ralladura de naranja
- 400 g de harina
- 3 cucharaditas de levadura en polvo
- **mezcla de cítricos:**
  1 cucharadita de mermelada de naranja amarga
  ¹/₂ cucharadita de mermelada de piña o piña confitada
  1 cucharadita de letuario de clementinas o clementinas confitadas
  ¹/₂ cucharadita de letuario de pomelo o pomelo confitado
  1 cucharadita de ralladura de mandarina
- **glaseado:**
  ¹/₄ de taza de zumo de naranja y mandarina
  ¹/₄ de azúcar glas
  ¹/₂ cucharada de licor Grand Marnier

Elaboración:

1. Triturar la mezcla de los cítricos y reservar.
2. Mezclar el azúcar con la ralladura de mandarina y agregar la mantequilla a temperatura ambiente. Batir bien hasta conseguir una consistencia cremosa.
3. Añadir cinco huevos uno a uno, una yema y los cítricos triturados.
4. Agregar poco a poco la harina tamizada alternando con los zumos de naranja y mandarina.
5. Terminar añadiendo la levadura, las dos cucharaditas de ralladura de naranja y, finalmente, una clara de huevo a punto de nieve.
6. Engrasar un molde grande o dos medianos y verter el preparado dentro del molde.
7. Hornear a horno a 180 °C y verificar la cocción con una aguja, cuando salga limpia, el bizcocho estará hecho.
8. Una vez horneado, dejar reposar unos 15 minutos y desmoldar.
9. **Glaseado:**
   Hervir el zumo de naranja y mandarina con el azúcar glas y dejar cocinar a fuego lento durante unos 5 minutos.
   Retirar del fuego y añadir el licor. Esperar unos minutos antes de rociar el bizcocho.

* * *

Este bizcocho se llama «Cinco oros» porque contiene naranja, mandarina, pomelo, clementina y piña.

Blanquete

Ingredientes:
- 2 claras de huevo
- 2 o 3 tazas de azúcar glas
- unas gotas de limón
- 1 cucharada de agua
- una cucharada de almíbar (optativo)

Elaboración:
1. Montar las claras a punto de nieve.
2. Agregar a mano el azúcar glas, las gotas de limón y el agua.
3. Seguir batiendo con un tenedor hasta obtener una crema espesa.
4. Para conseguir más brillo se puede incorporar una cucharada de almíbar (véase receta p. 30).

Bollos azucarados

Receta de Mercedes Serfaty
Nació en Tetuán y vivió en Caracas

Ingredientes:
- 450 g de patatas hervidas
- 50 g de levadura prensada
- 150 ml de leche
- 3 huevos
- 300 g de azúcar
- 120 g de taza de aceite
- 2 cucharadas de ralladura de limón
- 650 g de harina

Elaboración:
1. Hervir las patatas en rodajas, escurrirlas bien y hacer un puré.
2. Disolver la levadura en la leche tibia con una cucharadita de azúcar.
3. Batir bien los huevos con el azúcar y agregar poco a poco el aceite, la ralladura de limón, el puré de patata caliente y, finalmente, la leche tibia con la levadura.
4. Agregar poco a poco la harina tamizada y formar la masa.
5. Taparla hasta que doble su volumen.
6. Hacer los bollitos ovalados, pintarlos con yema y hornearlos a 160 °C durante 20 minutos.

Budín de castaña

Receta de Simy Nahamiash
Nació en Tánger y vive en Madrid

Ingredientes:
- 400 g de castañas
- 100 g de azúcar
- 100 g de almendras peladas y troceadas
- 130 g de mantequilla
- 5 huevos
- 1 cucharada de cacao
- 1 hoja de laurel
- 1 vasito de ron
- una pizca de sal
- azúcar glas para decorar

Elaboración:
1. Cocer las castañas en agua salada con el laurel durante una hora. Pelarlas y hacerlas puré.
2. Montar las claras a punto de nieve con una pizca de sal.
3. Batir la mantequilla con las yemas, el azúcar, las almendras troceadas, el puré de castañas, el cacao, el ron y las claras a punto de nieve.
4. Engrasar un molde y verter el preparado en su interior.
5. Hornear a 180 °C aproximadamente durante una hora.
6. Desmoldar en frío y espolvorear con azúcar glas.

Buñuelos ligeros de Janucá

Receta de Mery Muyal de Bendahan
Nació en Tánger y vivió en Madrid

Ingredientes:
- 1 vaso de agua
- 1 vaso de harina
- 3 cucharadas de aceite
- 3 huevos
- 1 cucharadita de levadura en polvo
- una pizca de sal
- aceite para freír
- almíbar (véase receta p. 30)

Elaboración:
1. Hervir el agua con el aceite y una pizca de sal.
2. Agregar la harina y la levadura.
3. Incorporar los huevos uno a uno y mezclar enérgicamente hasta que estén bien incorporados.
4. Coger cucharada a cucharada de esta masa y dejarla caer en aceite caliente.
5. Freír a fuego lento en el aceite.
6. Pasarlos por el almíbar.

* * *

Janucá: fiesta judía. Véase p. 283.

Buñuelos rellenos de Janucá

Receta de Rebeca Israel
Nació en Tetuán y vive en Madrid

Ingredientes:

- 1 huevo
- 50 g de levadura prensada
- 1 vaso de agua templada
- 4 cucharadas de azúcar
- 4 cucharadas de aceite de girasol
- 1 cucharadita de maicena
- una pizca de sal
- 1 cucharadita de coñac
- 1 cucharadita de vainilla
- 750 g de harina
- mermelada para rellenar
- azúcar glas para decorar

Elaboración:

1. Disolver la levadura prensada en el vaso de agua templada.
2. Añadir a esta mezcla el huevo, el azúcar, la maicena, la sal, el coñac, la vainilla y la harina tamizada. (Añadir también 4 cucharadas de aceite.)
3. Amasar hasta que la masa adquiera una consistencia blanda.
4. Tapar y dejar leudar durante una hora hasta que doble su volumen.

5. Con un rodillo estirar la masa hasta que tenga un grosor de 1 ½ cm.

6. Con un cortapastas redondo de 5 o 6 cm recortar los buñuelos.

7. Espolvorear con harina una superficie e ir colocando sobre ésta los buñuelos y dejar leudar de nuevo media hora.

8. Freír en aceite vegetal caliente y luego rebajar el fuego.

9. Rellenarlos de mermelada al gusto y espolvorearlos con azúcar glas.

* * *

Janucá: fiesta judía. Véase p. 283.

Caberzales

Receta de Sultany Serfaty
Nació en Melilla y vivió en Madrid

Ingredientes:
- **masa:**
  4 cucharadas de aceite
  2 huevos
  4 cucharadas de agua de azahar
  8 cucharadas de azúcar
  harina suficiente para obtener una masa más
  bien dura
- **relleno:**
  3 vasos de almendras peladas y molidas
  1 vaso de azúcar
  1 huevo
  3 yemas
  un chorrito de agua de azahar
  ralladura de un limón

Elaboración:
1. Formar la masa de los caberzales mezclando todos los ingredientes, dejando para el final la harina, que se agrega poco a poco. La masa ha de tener una consistencia un poco dura.
2. Mezclar todos los ingredientes del relleno hasta formar una pasta de almendras.
3. Estirar la masa de 3 a 4 mm de grosor.

4. Con un cortapasta de 7 cm de diámetro formar círculos de masa.
5. Poner una bolita del relleno en el centro de cada círculo.
6. Plegar la masa en dos y formar una especie de medialuna.
7. Pegar los bordes con clara de huevo o agua para que no se salga el relleno.
8. Enharinar la bandeja del horno y colocar en ella los caberzales.
9. Hornear a 160 °C hasta que estén ligeramente dorados.

Cake de Bella

Receta de Bella Cohen
Nació y vivió en Tánger

Ingredientes:

- 200 g de mantequilla
- 200 g de azúcar
- 6 huevos
- 125 g de pasas de Corinto
- 125 g de frutas confitadas
- un chorrito de whisky
- una pizca de sal
- unas gotas de extracto de vainilla
- ralladura de limón
- el zumo de un limón
- 3 cucharaditas de levadura en polvo
- 400 g de harina
- 3 cucharadas de mermelada de naranja
- 10 nueces para decorar

Elaboración:

1. Poner en agua muy caliente las pasas, colarlas y agregar un poco de whisky. Reservar para más tarde.
2. Batir la mantequilla con el azúcar y agregar las yemas una a una.
3. Añadir las tres cucharadas de mermelada de naranja.
4. Cortar la fruta confitada y mezclarla con la harina. Incorporar a esta mezcla una pizca de sal, la vainilla,

la ralladura y el zumo de limón y la levadura en
polvo.

5. Montar las claras a punto de nieve e incorporarlas a
la mezcla.

6. Por último, añadir las pasas. Poner en un molde
engrasado, decorar con nueces enteras y hornear a
180 °C.

Cake de dátiles

Receta de Matilde Levy
Nació en Tánger y vive en Madrid

Ingredientes:
- 4 huevos
- ³/₄ de vaso de azúcar
- 1 vaso de nueces troceadas muy pequeñas
- 1 vaso de dátiles troceados muy pequeños
- 1 vaso de harina
- 1 cucharadita de levadura en polvo

Elaboración:
1. Batir las yemas con el azúcar.
2. Envolver los trocitos de nueces y dátiles con la harina y la levadura.
3. Mezclar con las yemas batidas.
4. Montar las claras a punto de nieve con dos cucharadas de azúcar e incorporarlas suavemente.
5. Engrasar un molde y verter en él el preparado.
6. Hornear a 180 °C hasta que al pinchar con un palillo salga limpio.
7. Desmoldar una vez frío.

Cake de miel de Rosh Hashaná

Receta de Ety Serfaty de Serfaty
Nació en Tetuán y vive en Caracas

Ingredientes:
- 3 huevos
- ½ vaso de miel
- ¾ de vaso de azúcar
- ¾ de vaso de aceite
- ¾ de vaso de zumo de naranja
- 1 cucharadita de canela en polvo
- 1 cucharadita de café soluble
- 1 cucharadita de bicarbonato
- 2 vasos de harina

Elaboración:
1. Disolver el bicarbonato en el zumo de naranja.
2. Mezclar en la batidora a velocidad media los huevos, la miel, el azúcar, el aceite, la canela y el café soluble.
3. Agregar poco a poco la harina alternando con el zumo de naranja.
4. Volcar la mezcla en un molde redondo engrasado.
5. Hornear a 180 °C hasta que esté firme y dorado.

* * *

Rosh Hashaná: fiesta judía. Véase p. 283.

Cake de naranjas

Receta de Rachel Bendahan
Nació en Tánger y vivió en Madrid

Ingredientes:
- 4 huevos
- 7 cucharadas de harina
- 4 cucharadas de maicena
- 9 cucharadas de azúcar
- 3 cucharadas de aceite girasol
- 3 cucharadas de zumo de naranja
- ralladura de una naranja
- 2 cucharaditas de levadura en polvo
- una pizca de sal fina
- **jarabe:**
  el zumo de 3 naranjas
  2 cucharadas de azúcar
- **glaseado:**
  1 clara de huevo
  azúcar glas

Elaboración:
1. Batir las yemas con las cinco cucharadas de azúcar hasta que tomen un color pálido y una consistencia cremosa.
2. Añadir el aceite, la ralladura y el zumo de la naranja poco a poco.
3. Echar la harina previamente tamizada junto con la

maicena y la levadura. Ayudarse de unas varillas para incorporarla con cuidado y que no se formen grumos.

4. Batir las claras a punto de nieve con las cuatro cucharadas restantes de azúcar y una pizca de sal fina, hasta que estén firmes.

5. Verter el preparado en un molde previamente engrasado.

6. Hornear a 180 °C hasta que se hinche y esté firme.

7. Pinchar el centro del bizcocho con un palillo y verificar la cocción. El palillo tiene que salir limpio.

8. Preparar el jarabe. Mezclar el zumo de tres naranjas con dos cucharadas de azúcar hasta que quede bien disuelto.

9. Nada más sacar del horno el bizcocho darle la vuelta sobre una bandeja y rociarlo con todo el jarabe.

10. Pinchar el bizcocho para una mejor absorción.

11. Dejar enfriar y cubrirlo con un glaseado hecho con una clara de huevo y las cuatro cucharadas de azúcar glas.

Cake de nueces y almendras

Receta de Licita Cohen de Pinto
Nació en Tánger y vivió en Casablanca

Ingredientes:
- 40 nueces
- 40 almendras con piel
- 6 huevos
- 6 cucharadas de azúcar
- 2 cucharadas de harina

Elaboración:
1. Triturar las almendras con piel.
2. Tostar las nueces enteras y triturarlas.
3. Separar las claras de las yemas y trabajar las yemas con el azúcar.
4. Agregar las almendras y las nueces molidas, la harina y, por último, las claras montadas a punto de nieve.
5. Verter el preparado en un molde con la base forrada de papel vegetal.
6. Hornear a 180 °C hasta que esté firme. Pinchar con una aguja para verificar la cocción.

Coquitos

Receta de Lily Cazes
Nació en Casablanca y vive en Marsella

Ingredientes:
- 250 g de coco rallado
- 250 g de azúcar
- 125 cl de agua
- 2 yemas
- 2 claras
- fondant blanco (véase receta p. 223)

Elaboración:
1. Triturar el coco rallado.
2. Hacer un almíbar espeso con el azúcar y el agua.
3. Añadir el almíbar caliente al coco triturado.
4. Dejar enfriar la masa obtenida.
5. Volver a triturar todo junto y dividir la masa en dos.
6. A la primera mitad agregarle dos yemas.
7. Y a la otra mitad añadirle poco a poco dos claras a punto de nieve. A lo mejor no admite toda la cantidad.
8. Formar unas bolitas y pasarlas por fondant blanco.

Cuadraditos de nueces y dátiles

Receta de Licita Azancot
Nació y vivió en Tánger

Ingredientes:
- 7 huevos
- ½ kg de dátiles picados
- ¼ kg de nueces picadas
- 200 g de azúcar
- 250 g de harina
- azúcar glas para decorar

Elaboración:
1. Batir las yemas con el azúcar e ir incorporando poco a poco la harina tamizada, las nueces y los dátiles picados.
2. Montar las claras a punto de nieve e incorporar a la mezcla.
3. Verter el preparado en un molde previamente engrasado de 3 o 4 cm de alto.
4. Hornear a 180 °C hasta que esté firme.
5. Espolvorear con azúcar glas y cortar el bizcocho en cuadraditos de 5 x 5 cm.

* * *

Esther Azancot, la nuera de la señora Licita, sigue haciendo esta receta todas las semanas para la merienda de los domingos de la residencia Laredo Sabah en Tánger.

Cuadritos de dátiles de Corina

Receta de Corina Tuaty
Nació en Cali y vive en Miami

Ingredientes:
- **primera masa:**
  1 ¼ taza de harina
  1/3 de taza de azúcar
  ½ taza de mantequilla
- **segunda masa:**
  1/3 de taza de azúcar
  1/3 de taza de azúcar moreno
  2 huevos
  1 cucharadita de vainilla
  2 cucharaditas de harina
  1 cucharadita de levadura en polvo
  una pizca de sal
  una pizca de nuez moscada
  1 taza de nueces molidas
  1 taza de dátiles picados

Elaboración:
1. **Primera masa:**
   Mezclar a mano la harina, el azúcar y la mantequilla.
   Forrar el fondo de un molde engrasado presionando
   bien con los dedos. Utilizar un molde cuadrado de
   más o menos 22 x 22 cm.
   Hornear durante 20 minutos a 180 °C.

2. **Segunda masa:**

Mezclar el azúcar, los huevos, el azúcar moreno, la vainilla, la harina, la levadura, la sal, la nuez moscada, las nueces y los dátiles picados.

Añadir esta mezcla a la primera masa todavía caliente y hornear a 180 °C durante 20 minutos más o menos.

Enfriar y cortar en cuadraditos.

Espolvorear con azúcar.

Dátiles rellenos
de mazapán verde

Receta de Mimi Toledano de Gozal
Nació en Tánger y vive en París

Ingredientes:
- 80 dátiles pequeños o 40 grandes
- **relleno:**
1 kg de almendras peladas
$\frac{1}{2}$ kg de azúcar
unas gotas de extracto de almendra amarga
unas gotas de licor (Amaretto, Cointreau o ron)
unas gotas de colorante verde
un poco de clara de huevo

Elaboración:
1. Escoger cuidadosamente los dátiles, no muy grandes, limpios y con buena forma. Deshuesarlos y partirlos por la mitad.

2. **Relleno:**
Moler las almendras peladas en la licuadora, en pequeñas cantidades, alternando una cucharada de almendra y otra de azúcar y añadiendo poco a poco las gotitas de extracto de almendra amarga, el licor y el colorante hasta conseguir un tono verde no muy oscuro.

Salpicar con agua o añadir un poco de clara de huevo a la mezcla.

La masa debe quedar lo bastante blanda como para poder rellenar los dátiles sin que se seque la masa, juntando los ingredientes hasta conseguir el gusto deseado.

Amasar con las manos para mezclar bien todos los ingredientes y unificar el color.

Procurar formar unos rulitos del mismo tamaño. Colocar cada uno de ellos dentro de un dátil deshuesado sin hundirlo totalmente, cerrando los bordes del dátil hasta que el mazapán quede abultado por el centro.

Untar con mucho cuidado la parte del mazapán con azúcar normal y con la ayuda de un cuchillo dibujar en la superficie azucarada una línea a lo largo y varias a los costados para imitar el dibujo de una hoja.

Colocar cada dátil en una cápsula de papel.

* * *

Se pueden pasar los dátiles por caramelo claro para cristalizarlos. En ese caso, no untar con el azúcar, sino hacerle directamente las rayitas con el cuchillo sobre el mazapán y caramelizarlos después.

Dulce de batata y caramelo

Receta de Licita Cohen de Pinto
Nació en Tánger y vivió en Casablanca

Ingredientes:

- 1 kg de batata
- ½ vaso de azúcar
- ¼ vaso de agua
- 2 huevos
- extracto de vainilla
- 2 cucharadas colmadas de azúcar
- una pizca de sal

Elaboración:

1. Cocer las batatas peladas con una pizca de sal.
2. Una vez cocidas, reducirlas a puré.
3. Hacer un almíbar con el medio vaso de azúcar y el cuarto de agua.
4. Agregar al puré este almíbar caliente y el extracto de vainilla.
5. Añadir dos yemas y mover enérgicamente.
6. Volcar en un plato llano y alisar.
7. Montar las claras a punto de nieve con las dos cucharadas de azúcar.
8. Meter esta mezcla en una manga pastelera provista de una boquilla rizada y decorar el dulce de batata.
9. Por último, también se puede decorar con hilos de caramelo. Véase receta p. 231.

Dulce de nuez de mamá Lola

Receta de Hola Caro
Nació y vivió en Tánger

Ingredientes:
* 2 vasos de nueces molidas
* 8 huevos
* 8 cucharadas de azúcar
* una pizca de canela
* una pizca de nuez moscada
* azúcar para hacer caramelo
* nueces enteras para decorar

Elaboración:
1. Montar las claras a punto de nieve con el azúcar.
2. Añadir las yemas una a una y, por último, agregar las nueces molidas, la canela y la nuez moscada.
3. Untar un molde rectangular no muy alto con un poco de aceite.
4. Volcar la masa del bizcocho y hornear a 180 °C.
5. Dejar enfriar y desmoldar.
6. Hacer un caramelo sin agua y ponerlo por encima del bizcocho.
7. Dejar 24 horas para que este caramelo penetre en el bizcocho.
8. Al día siguiente decorar con medias nueces y volver a echar por encima otro caramelo, hecho en una sartén antiadherente con azúcar solamente.

Egipcios

Ingredientes (de 35 a 50 unidades):
- 150 g de mantequilla o margarina
- 350 g de harina
- 1 cucharada de agua de azahar
- 50 ml de aceite de girasol
- 1 cucharada de azúcar
- una pizca de sal
- azúcar glas para decorar
- **relleno:**
  250 g de dátiles picados
  2 cucharadas de azúcar
  1 cucharada de agua de azahar
  1 cucharadita de canela en polvo
  una pizca de clavo molido
  1 cucharada de mantequilla o
  margarina

Elaboración:
1. Mezclar en un cuenco todos los ingredientes del relleno de dátiles y reservar.
2. Trabajar suavemente la mantequilla con el aceite, el agua de azahar, el azúcar y la sal.
3. Añadir la harina poco a poco hasta conseguir una masa de consistencia blanda pero no pegajosa. Dejar reposar la masa 15 minutos.

4. Dividirla en porciones de 15 gramos cada una, aproximadamente.
5. Formar con cada porción de masa una croqueta.
6. Ahuecarla y rellenarla con un poco del relleno de dátiles.
7. Cerrarla bien, volviendo a darle la forma de croqueta. Hay que procurar que no se salga el relleno durante la cocción.
8. Colocarlas en bandeja de horno sobre Silpat o papel antiadherente y hornear a 180 °C durante 9 minutos. No deben llegar a dorarse.
9. Dejar enfriar.
10. Envolver cada uno muy delicadamente con bastante azúcar glas.
11. Para conservarlos, guardar en recipiente hermético.

* * *

Véase fotografía.
Purim: fiesta judía. Véase p. 284.

Fartalejos

Ingredientes:
- 250 g de queso tipo manchego fresco
- 250 g de queso crema tipo Philadelphia
- 1 huevo duro
- una pizca de sal fina
- 2 o 3 cucharadas de azúcar
- 3 cucharadas de hierbabuena fresca picada
- 1 cucharadita de mejorana seca
- hojas de pasta brick
- almíbar (véase receta p. 30)

Elaboración:
1. Aplastar en un cuenco el queso fresco junto con el queso crema, el huevo duro, el azúcar y la pizca de sal.
2. Agregar la mejorana y la hierbabuena picada.
3. Cortar las hojas de pasta en tiras de 5 cm de ancho.
4. Poner una porción de relleno en cada tira de pasta brick.
5. Envolver el relleno de queso con la tira de brick formando un triángulo. Tiene que quedar bien envuelto en la pasta.

6. Freír en abundante aceite de oliva y una vez dorados poner sobre papel absorbente.
7. Pasar por el almíbar y servirlos recién fritos.

* * *

Shavuot: Fiesta judía. Véase p. 282.
Los fartalejos se pueden rellenar también de pasta de almendras. En Arnedo, La Rioja, se conocen como fardelejos y son de masa frita rellenos de pasta de almendras.

Fartalejos de queso (pastelitos de hoja)

Receta de Esther Aflalo
Nació en Tánger y vive en Madrid

Ingredientes:
- **masa:**
  1 huevo entero
  1 cascarón de huevo lleno de aceite (3 cucharadas)
  2 cascarones de huevo llenos de agua (6 cucharadas)
  1 cucharadita de zumo de limón
  una pizca de sal
  harina para hacer una masa dura
  (aproximadamente 300 g)
  aceite o margarina para untar las hojas
  almíbar (véase receta p. 30)
  canela en polvo para decorar
- **relleno:**
  200 g de queso tipo fresco
  1 huevo duro
  1 huevo crudo
  unas hojas de hierbabuena
  una pizca de mejorana
  sal y azúcar al paladar (al gusto)

Elaboración:
1. Mezclar todos los ingredientes del relleno, formar unas bolitas y reservar.

2. Formar una masa con todos los ingredientes y con un rodillo estirarla lo más finamente posible.

3. Cortar rectángulos de más o menos 9 cm de ancho por 20 cm de largo.

4. Derretir la margarina y con un pincel untar cada rectángulo obtenido y espolvorear con harina.

5. Untar así sucesivamente todas las hojas y disponerlas una encima de la otra hasta formar bloques de cinco hojas. Cortar estos rectángulos en cuadros de aproximadamente 9 por 9 cm.

6. Poner la bolita de relleno en el centro y con un pincel humedecer la masa alrededor del relleno con un poco de agua para que se adhiera mejor en el momento de doblar las hojas en dos.

7. Presionar alrededor del relleno teniendo cuidado de no aplastar los bordes.

8. Dejar reposar los pastelitos sobre una superficie ligeramente enharinada y tapados para que no se sequen.

9. Calentar el aceite y bajar el fuego en el momento de freír. Durante la fritura, las hojas se separan como el hojaldre.

10. Escurrir, pasarlos por almíbar y espolvorear con un poquito de canela en polvo.

Fijuelas de señora Hadra

Receta de Hadra Levy
Nació en Tánger y vivió en Madrid

Ingredientes:
- 2 huevos
- 2 cascarones de huevo con aceite de oliva
  (6 cucharadas)
- 1 cascarón de agua (3 cucharadas)
- 1 cascarón de agua de azahar (3 cucharadas)
- el zumo de medio limón
- una pizca de sal
- ½ cucharadita de levadura en polvo
- 400 g de harina aproximadamente
- **almíbar:**
  2 vasos de azúcar
  1 vaso de agua
  1 limón con cáscara (troceado en cuartos)
  8 cucharadas de miel

Elaboración:
1. Mezclar los huevos, el aceite, el agua de azahar, la sal, la levadura, el agua y el zumo de limón.
2. Agregar la harina hasta formar una masa homogénea.
3. Estirar varias veces con el rodillo o con la laminadora, añadiendo harina poco a poco hasta que la masa quede compacta. Hacer la última vuelta más fina.

4. Cortar la masa en tiras estrechas de unos 4 por 30 cm.
5. Introducir la tira de masa entre las dos púas de un tenedor con una mano y con la otra sujetar el otro extremo de la tira. La masa se va friendo y enrollando en el tenedor, tomando forma de flor.
6. Una vez fritas, se pasan por el almíbar.

7. **Almíbar:**
   Poner todos los ingredientes en un cazo. Hervir hasta obtener punto de hebra.

Flan de almendras

Receta de Susy Benarroch de Benoliel
Nació en Vichy y vive en Ceuta

Ingredientes:
- 2 vaso de huevos (9 o 10 huevos)
- 3 vasos de azúcar
- 1 vaso de agua
- 1 $\frac{1}{2}$ vaso de almendras con piel
- extracto de vainilla

Elaboración:
1. Hacer un almíbar flojo con el azúcar y el agua.
2. Hervir las almendras con piel, pelarlas y triturarlas.
3. Caramelizar un molde poniéndolo al fuego con un poco de azúcar.
4. En un cuenco batir con unas varillas los huevos con el almíbar, la almendra molida y aromatizar con un poco de extracto de vainilla.
5. Volcar la mezcla en el molde caramelizado y meterlo al horno a 160 °C al baño María sin tapar durante 30 minutos.
6. Una vez frío, volcar el molde sobre un plato.

Flan de almendras y naranja

Ingredientes:
- 8 yemas
- 4 huevos
- 2 tazas de azúcar
- 1 taza de agua
- 100 g de almendra en polvo
- ralladura de una naranja
- el zumo de una naranja
- 1 clementina en letuario (optativo)

Elaboración:
1. Triturar las almendras lo más finamente posible.
2. Hacer un almíbar con la taza de agua y las dos de azúcar.
3. Batir los huevos y las yemas y pasarlo por el chino. Añadir poco a poco a los huevos el almíbar caliente, pero no hirviendo.
4. Agregar la almendra molida, la ralladura y el zumo de naranja.
5. Caramelizar un molde de 20 cm de diámetro y una vez que esté frío el caramelo, echar la mezcla.
6. Poner al baño María durante 40 minutos en el horno a 160 °C tapado.

7. El tiempo de cocción es importante para que salga bien este postre, si se cuece más, se endurecerá.
8. Se puede decorar con la clementina en letuario muy picadita.

* * *

Es muy común en las recetas sefarditas encontrar la naranja como ingrediente, ya sea en zumo, ralladura o confitura. También se utiliza mucho el agua de azahar para perfumar las tartas.

Fritos con miel y ajonjolí

Receta de Rahel Benitah
Nació en Tánger y vive en Ashdod

Ingredientes:
- **masa:**
  100 g de margarina vegetal
  100 g de agua tibia
  una pizca de sal
  2 cucharadas de agua de azahar
  400 g de harina
  ajonjolí blanco o sésamo
- **almíbar:**
  1 taza de agua
  2 tazas de azúcar
  medio tarro de miel (250 g)
  medio limón troceado

Elaboración:
1. Calentar el agua y derretir la margarina. Una vez fría, añadir la sal y el agua de azahar.
2. Poner en un cuenco e ir añadiendo la harina poco a poco hasta obtener una masa homogénea. Pasar la masa por la laminadora o trabajarla con el rodillo dejándola muy fina. Cortar rectángulos pequeños con un cortapastas y darles cuatro cortes longitudinales en el centro sin llegar a los bordes.

3. Darles forma de flor y colocarlos en un Silpat espolvoreado de harina.
4. Freír en el aceite caliente y escurrir sobre papel absorbente. Una vez fritas, pasar con cuidado por el almíbar y espolvorear con el ajonjolí blanco.

Galletas de ajonjolí

Receta de Anita Toledano de Cohen
Nació en Tánger y vivió en Caracas

Ingredientes:

- 3 huevos
- 1 vaso de azúcar (200 g)
- 1 vaso menguado de aceite de girasol (170 g)
- 2 puñados de ajonjolí o sésamo tostado (100 g)
- 15 g de levadura en polvo
- ralladura de un limón
- una pizca de sal fina
- 700 g de harina tamizada

Elaboración:

1. Mezclar todos los ingredientes excepto la harina, que se va añadiendo poco a poco hasta obtener una masa no muy dura.
2. Estirar la masa con un rodillo y con la ayuda de un cortapastas formar las galletas.
3. Cocer en horno precalentado a 160 °C durante 8 o 10 minutos.

Galletas de cacahuetes

Receta de Deborah Bensadón
Nació en Madrid y vive en Miami

Ingredientes:
- 1 vaso de cacahuetes
- ³/₄ de vaso de aceite
- 1 vaso de azúcar glas
- 1 cucharada de canela en polvo
- harina para moldear
- ajonjolí o sésamo

Elaboración:
1. Tritutar los cacahuetes procurando que no salga aceite.
2. Poner todos los ingredientes excepto la harina en un bol y mezclar a mano.
3. Agregar la harina poco a poco hasta conseguir una consistencia moldeable.
4. Formar unas bolitas del tamaño de una nuez.
5. Aplastar cada bolita y espolvorear con ajonjolí o sésamo blanco.
6. Hornear a 175 °C durante 8 minutos.

* * *

Esta receta, muy fácil de realizar, se la dio a Deborah su tía abuela, Rachel Bendahan, cuando ella era aún muy niña.

Galletas sencillas

Receta de Sultany Serfaty
Nació en Melilla y vivió en Madrid

Ingredientes:

- 6 huevos
- 1 vaso de azúcar
- 1 vaso de aceite de oliva de 0,4°
- 2 cucharaditas de levadura en polvo
- 2 cucharaditas de sal
- ralladura de 3 limones
- 450 g de harina más o menos

Elaboración:

1. Batir las claras a punto de nieve.
2. Añadir poco a poco el azúcar, las yemas, el aceite y la ralladura de los limones.
3. Agregar la harina con la levadura y la sal y mezclar suavemente.
4. La masa tiene que extenderse fácilmente con el fruslero (rodillo).
5. Engrasar con aceite la superficie de trabajo para extender la masa de unos 4 mm de grosor. Con unos moldes de galletas impregnados en aceite cortar las galletas.
6. Colocarlas en bandejas de horno forradas con papel encerado o papel de aluminio.

7. Untar con yema de huevo y espolvorear con azúcar.
8. Hornear a 160 °C unos 30 minutos hasta que estén doradas.

Galletitas de Daniela

Receta de Daniela Mitrani
Nació en Lisboa y vive en Barcelona

Ingredientes:
- 500 g de harina
- 200 g de mantequilla
- 200 g de azúcar
- una pizca de sal
- 2 huevos
- un sobre de levadura en polvo
- ralladura de limón

Elaboración:
1. Mezclar todos los ingredientes, dejando la harina para el final.
2. Formar galletas en forma de S.
3. Hornear a 180 °C durante 10 minutos. No deben llegar a colorearse.

Herraduras

Receta de Mery Muyal de Bendahan
Nació en Tánger y vivió en Madrid

Ingredientes:
- 200 g de mantequilla
- 70 g de azúcar glas
- 100 g de almendras con piel tostadas y molidas
- 2 cucharadas de ajonjolí o sésamo tostado
- 280 g de harina
- azúcar glas para decorar

Elaboración:
1. Hacer una masa mezclando todos los ingredientes y dejar reposar la masa.
2. Hacer unas bolitas con la masa y darles forma de herradura o media luna.
3. Hornear a 180 °C durante más o menos 10 minutos.
4. Pasarlas por azúcar glas al sacarlas del horno.

Hojuelas

Receta de Mercedes Gabay
Nació en Larache y vive en Caracas

Ingredientes:
- 6 huevos
- 2 cascarones de aceite vegetal
  (3 cucharadas)
- una pizca de sal
- 1 kg de harina
- **almíbar:**
  2 vasos de azúcar
  1 vaso de agua
  tres cucharadas de miel

Elaboración:
1. Mezclar todos los ingredientes juntos y formar una masa más bien dura.
2. Hacer las hojuelas dándoles forma de flor con un tenedor como en la receta de la p. 83 a las fijuelas.
3. Calentar abundante aceite. Éste debe estar muy caliente al principio, rebajando el fuego en el momento de freír las hojuelas.
4. Disponerlas sobre papel absorbente.
5. Dejar que se enfríen bien antes de pasarlas por el almíbar.

6. **Almíbar:**

Hacer un almíbar flojo y agregar 3 cucharadas de miel.

Dejar cocer hasta que esté en punto de hebra.

* * *

Véase fotografía.

Jarabullos de Shavuot

Receta de Rahel Benitah
Nació en Tánger y vive en Ashdod

Ingredientes:
- 250 g de almendra molida
- 250 g de *matzá* (pan ácimo)
- 200 g de azúcar
- 100 g de agua
- hierbabuena
- 3 yemas y una clara de huevo
- azúcar glas para decorar

Elaboración:
1. Triturar las almendras y la *matzá*.
2. Hacer un almíbar con el azúcar y el agua.
3. Picar la hierbabuena.
4. Mezclar todo con el almíbar y añadir los huevos.
5. Con la masa obtenida formar unos rulitos.
6. Hornear a 180 °C hasta que se doren un poco.
7. Pasarlos por azúcar glas.

* * *

Shavuot: fiesta judía. Véase p. 282.

Letuario de berenjenitas

Receta de Reina Benatar
Nació en Buenos Aires y vivió en Madrid

Ingredientes:
- berenjenitas lo más pequeñas posible
- el mismo peso de azúcar que de berenjenitas
- jengibre
- clavo
- canela molida
- el zumo de un limón

Elaboración:
1. Pelar los tallos de las berenjenitas.
2. Pinchar con un tenedor las berenjenas y los tallos hasta el fondo.
3. Poner a hervir hasta que se ablanden un poco y luego tirar el agua.
4. En una cacerola poner la misma cantidad de azúcar que de berenjenas y cubrir de agua.
5. Añadir el jengibre, el clavo, la canela molida y el zumo de limón.
6. Cocinar todo a fuego moderado añadiendo agua hasta que las berenjenas se vuelvan de color negro.
7. Cuando estén a punto de almíbar, apartar del fuego y dejar reposar.

* * *

Véase fotografía.

Letuario de clementinas

Receta de Sonia Cohen de Azagury
Nació y vive en Tánger

Ingredientes:
- clementinas diminutas de piel muy fina
- el mismo peso de azúcar que de clementinas

Elaboración:
1. Lavar las clementinas muy bien.
2. Hacer unos cuatro o cinco agujeritos en cada una pinchándolas con un palillo.
3. Ponerlas a hervir hasta que se ablanden un poco y luego tirar el agua.
4. Pesar las clementinas y pesar la misma cantidad de azúcar.
5. Hacer un almíbar con el azúcar y la mitad de su peso en agua (por ejemplo, para 800 g de azúcar utilizar 400 g de agua).
6. Cuando esté casi en punto de hebra echar las clementinas en el almíbar.
7. Cocer a fuego fuerte para que absorban el almíbar y no se oscurezcan.

* * *

Véase fotografía.

Letuario de limón

Receta de Reina Benatar
Nació en Buenos Aires y vivió en Madrid

Ingredientes:
- limones grandes de cáscara muy gruesa
- el mismo peso de azúcar que de limones
- doble cantidad de agua que de azúcar
  (por ejemplo, para 1 kg de limones, 1 kg de azúcar
  y 2 l de agua)
- el zumo de ½ limón por cada 5 piezas de
  limones

Elaboración:
1. Rallar los limones grandes y de cáscara muy
   gruesa.
2. Cortar en cinco partes cada limón separando la
   cáscara de la pulpa.
3. Colocar en un recipiente las cáscaras de limón, cubrir
   con agua fría durante media hora y enjuagar muy
   bien.
4. Hervir estas cáscaras hasta que queden blandas,
   repitiendo esta operación varias veces para que
   pierdan su amargura.
5. En una cacerola poner el mismo peso de azúcar
   que de limones y añadir el doble de cantidad de
   agua.

6. Cuando rompe a hervir, se añade el zumo de limón y se deja hervir a fuego moderado hasta que el almíbar esté espeso.
7. Apartar del fuego antes de que se oscurezca el letuario.

* * *

Antiguamente se solía poner una cucharadita de cal en el agua fría para conseguir que los gajos de limones se quedaran más firmes en el momento de cocerlos.
Véase fotografía.

Letuario de membrillo o mosto

Ingredientes:
- 1 kg de membrillos
- 800 g de azúcar
- 10 clavos de olor
- 5 ramitas de canela
- agua

Elaboración:
1. Lavar y secar los membrillos. Pelarlos y cortarlos en gajos.
2. Poner parte de las pieles y las semillas en una gasa y hacer un hatillo.
3. En una cacerola colocar los gajos de membrillo y el hatillo y cubrir con agua a ras de los gajos.
4. Agregar el azúcar, los clavos y la canela en rama. Tapar y cocer a fuego moderado.
5. Cuando estén tiernos destapar y seguir cociendo a fuego muy lento hasta que se espese el almíbar y tenga un color rojizo como el del vino.
6. Sacar los trozos de membrillo en caliente y colocarlos en una fuente.
7. Cubrir con el almíbar.

* * *

Las semillas y la piel del membrillo producen una gelatina roja densa y aromática. El mundo judeoespañol heredó su amor por el membrillo de los árabes de Andalucía.

Letuario de pomelo de Mercedes

Receta de Mercedes Bencheluch de Salama
Nació en Larache y vive en Madrid

Ingredientes:
- 1 kg de pomelos
- 1 kg de azúcar

Elaboración:
1. Raspar los pomelos, partirlos en cuartos y retirar la pulpa, que se reserva para después.
2. Poner en remojo las hojas de pomelo durante dos noches. Luego hervirlas y escurrir.
3. Hacer un almíbar ligero e introducir dentro las hojas de pomelo. Sobre éstas se escurre la pulpa reservada.
4. Retirar cuando las hojas tomen un color amarillento y dejar enfriar.
5. Para una mejor conservación guardar el letuario y su almíbar en frascos de plástico o cristal herméticamente cerrados.

Letuario de pomelo de Sonia

Receta de Sonia Cohen de Azagury
Nació y vive en Tánger

Ingredientes:
- 1 kg de pomelos (una vez escurridos)
- 1 kg de azúcar
- ½ l de agua
- el zumo de medio limón

Elaboración:
1. Rallar los pomelos, cortarlos en gajos y dejarlos en agua fría toda una noche.
2. Al día siguiente renovar el agua de los pomelos y ponerlos en una cacerola a hervir durante media hora hasta que estén tiernos.
3. Escurrir y ponerlos en agua fría durante 24 horas. Volver a escurrir y pesar.
4. Hacer un almíbar con el mismo peso de azúcar que de pomelo (por ejemplo, 1 kg de pomelos escurridos, 1 kg de azúcar y ½ l de agua).
5. Cuando rompa el hervor, colocar los gajos de pomelo y ponerlo a fuego fuerte, dando la vuelta de vez en cuando a la fruta con mucho cuidado.
6. Añadir el zumo de medio limón antes de retirar del fuego.

Letuario de tomatitos de la India

Receta de Edith Cohen de Bouhadana
Nació en Tánger y vive en Montreal

Ingredientes:
- tomatitos (Physalis)
- azúcar

Elaboración:
1. Hacer un almíbar con dos partes de azúcar y una de agua.
2. Quitar la piel marrón que envuelve a los tomatitos y lavarlos.
3. Cuando el almíbar esté en su punto, echar los tomatitos y tapar.
4. Cuando suelten el agua, destapar la cacerola y dejar reducir.
5. La cocción dura muy poco y hay que evitar que se deshagan.
6. Volcar en un cuenco y dejar enfriar.
7. Es preferible guardarlos en un frasco de vidrio tapado para su conservación.

* * *

Los tomatitos de la India, también conocidos como Physalis por pertenecer a esta familia de plantas, son unos tomates muy pequeños y dulces, de color amarillo, procedentes de México.

Letuario de toronja o pomelo

Receta de Sofía Khabbas de Cabuli
Nació en Damasco y vivió en Buenos Aires

Ingredientes:
- 2 pomelos con cáscara gruesa blanca
- 3 tazas de azúcar
- 2 tazas de agua
- ½ cucharada de sal
- el zumo de medio limón
- el zumo de media mandarina

Elaboración:
1. Pelar los pomelos dejando el máximo posible de la cáscara gruesa blanca.
2. Quitar toda la cáscara blanca y cortarla en tiritas de 2 cm.
3. Poner las tiritas en una olla, añadir media cucharada de sal y cubrir de agua.
4. Poner a hervir y cuando rompa el hervor dejar sólo dos minutos y retirar del fuego. Colar, sacar las tiras y colocarlas en un cuenco.
5. Añadir agua fría, colar, tirar el agua y repetir esta operación tantas veces como sea necesario hasta que el agua salga totalmente fría, de esta manera sale todo lo amargo.
6. Colar por última vez y exprimir con las manos las tiras de pomelo, procurando que no tengan nada

de agua. Meter en la nevera hasta que esté bien frío.

7. Exprimir medio limón y media mandarina, sacar las tiras de la nevera y añadirle ambos zumos. Poner a cocer en una cacerola con tres tazas de azúcar y dos de agua, media cucharadita de sal y medio limón exprimido. Cuando rompa el hervor, reducir a fuego lento, más o menos durante una hora, hasta que se reduzca el líquido y se queden las tiras de pomelo en su almíbar.

Letuario de uvas negras

Receta de Vicky Serfaty de Macías
Nació en Tánger y vive en Madrid

Ingredientes:
- 1 kg de uvas negras deshuesadas
- 500 g de azúcar
- 500 cl de agua
- 2 cucharaditas de canela molida
- 1 cucharadita de clavo molido
- 1 cucharadita de jengibre molido
- el zumo de un limón
- nueces para decorar

Elaboración:
1. Diluir el azúcar en el agua hasta hacer un almíbar flojo.
2. Cuando rompa el hervor, agregar las especias y posteriormente las uvas.
3. Cocer a fuego medio de manera que las uvas queden siempre cubiertas por el almíbar.
4. Cuando éste vaya espesando, añadir el zumo de un limón.
5. Dejar en el fuego hasta que el almíbar alcance el punto de hebra.
6. Incorporar casi al final mitades de nueces peladas ligeramente tostadas.

Macrotes de harina

Receta de Renée Amsellem
Nació en Tánger y vive en Madrid

Ingredientes:
- **masa:**
  3 huevos grandes
  125 g de margarina
  80 ml de aceite de girasol
  1 cucharadita de sal fina
  40 g de levadura prensada
  1 cucharada de azúcar
  175 g de agua
  600 g de harina
- **almíbar:**
  2 vasos de azúcar
  1 vaso de agua
  300 g de miel

Elaboración:
1. Disolver la levadura en el agua templada con la cucharada de azúcar.
2. Añadir los huevos, el aceite, la margarina, la sal y la harina.
3. Formar unos rollos estrechos, aproximadamente de 3 cm de espesor, aplastarlos y cortarlos formando rombos.
4. Colocarlos en una bandeja y dejarlos leudar (poner

una bolita de masa dentro de un vaso de agua y cuando ésta suba a la superficie, nos indicará que los macrotes están en su punto).

5. Hacer el almíbar con el azúcar y el agua y después de 10 minutos de cocción añadirle la miel.

6. Para freír los macrotes, calentar el aceite muy caliente, reducir el fuego y proceder a la fritura. Antes de echarlos en la sartén, hacer un corte vertical a cada macrote.

7. Por último, bañarlos en el almíbar caliente.

Macrotes de Nicole

Receta de Nicole Cohen
Nació en Melilla y vive en Netania

Ingredientes:
- 1 kg de sémola de trigo
- 300 g de azúcar
- 300 ml de aceite de girasol
- 1 taza de sésamo blanco
- 1 taza de almendra en polvo
- 5 o 6 huevos, según su tamaño
- 1 paquete de levadura en polvo
- 300 ml de zumo de naranja
- 1 cucharada de canela
- **almíbar:**
  2 vasos de azúcar
  1 vaso de agua
  $\frac{1}{4}$ de limón
  una cáscara de naranja
  medio tarro de miel

Elaboración:
1. En una sartén calentar la sémola hasta que coja un poco de color.
2. Mezclar la sémola, el azúcar, las almendras, el sésamo y la canela con el aceite y la levadura en polvo.
3. Agregar los huevos ligeramente batidos y el zumo de naranja poco a poco.

4. Dejar reposar la masa hasta que engorde.
5. Formar unas tiras rectangulares estrechas de 2 o 3 cm de espesor y dibujar con un cuchillo una rejilla.
6. Cortar en cuadrados o rombos estas tiras y freírlos en abundante aceite de girasol. El aceite no tiene que estar humeando, sólo bien caliente.
7. Hacer el almíbar con dos vasos de azúcar, uno de agua y un cuarto de limón partido en dos. Cuando esté hirviendo, añadir una cáscara de naranja y agregar medio tarro de miel.
8. Una vez fritos los macrotes, meterlos de inmediato en el almíbar caliente.
9. Poner los macrotes en un recipiente y tapar con papel film para que se queden jugosos.

Marronchinos

Receta de Hadra Levy
Nació en Tánger y vivió en Madrid

Ingredientes:
- 500 g de avellanas o almendras peladas
- 125 g de dátiles molidos
- 3 huevos
- 1 yema
- 1 vaso no muy lleno de azúcar
- 1 cucharadita de canela molida
- 2 o 3 clavos machacados
- blanquete (véase receta p. 53)
- azúcar de colores para decorar

Elaboración:
1. Mezclar todos los ingredientes.
2. Dejar reposar la masa toda la noche en el frigorífico.
3. Formar unas bolitas del tamaño de una albóndiga.
4. Hornear los marronchinos a 180 °C entre 7 y 10 minutos.
5. Hacer el blanquete siguiendo la receta de la página 53.
6. Una vez horneados los marronchinos, untar cada uno de ellos con un poco de blanquete, espolvorear con el azúcar de colores y dejar secar.

Marronchinos de Licy

Receta de Licy Serfaty
Nació en Tetuán y vive en Caracas

Ingredientes:
- 2 vasos grandes de almendras blancas molidas
- 1 ½ vaso de azúcar
- 3 huevos
- 3 yemas
- 2 cucharadas de canela
- 1 cucharada de clavo molido
- 150 g de nueces trituradas
- granulado de colores para decorar
- **blanquete:**
  dos claras de huevo
  azúcar glas
  unas gotas de limón
  1 cucharada de agua

Elaboración:
1. Poner las almendras blancas peladas en agua hirviendo durante unos minutos, secarlas y triturarlas.
2. Mezclar todos los ingredientes y formar unas bolitas.
3. Hornear a 180 °C aproximadamente 7 minutos, procurando sacarlas muy blandas del horno.

4. **Blanquete:**
Montar las claras y agregar el azúcar glas, las gotas de limón y la cucharada de agua. También se puede añadir unas gotas de almíbar para dar más brillo. Poner sobre cada marronchino un poco de este blanquete cuidadosamente con el dedo e inmediatamente espolvorear con granulado de colores y meter unos segundos al horno para que el blanquete se quede bien seco.

Marronchinos de Nelly

Receta de Nelly Israel
Nació en Tetuán y vive en Madrid

Ingredientes:
- 250 g de almendra con piel
- 150 g de azúcar
- 1 huevo y una yema
- 3 cucharaditas de canela en polvo
- 1 cucharadita de clavo en polvo
- blanquete (véase receta p. 53)
- granulado de azúcar para decorar

Elaboración:
1. Mondar la mitad de las almendras y añadir la otra mitad sin pelar.
2. Triturarlas y mezclarlas con el resto de los ingredientes. Dejar reposar 24 horas.
3. Formar unas bolitas y disponerlas en la bandeja del horno ligeramente engrasada.
4. Hornear a 180 °C durante unos 8 minutos.
5. Hacer el blanquete.
6. Cubrir la parte de arriba de cada marronchino con un poco de esta mezcla, espolvorear de granulado de azúcar de colores y dejar secar.

Mazapanes

Receta de Luna Nahon de Gabizon
Nació en Tetuán y vive en Ceuta

Ingredientes:
- masa de fijuelas (véase receta p. 118)
- **relleno de almendra:**
  200 g de almendra molida
  200 g de azúcar
  la ralladura de un limón
  1 huevo grande o dos pequeños
  bolitas de colores (optativo)

Elaboración:

1. **Relleno de almendra:**
   Triturar las almendras con el azúcar.
   Rallar la piel de un limón e incorporar.
   Añadir el huevo y mezclar bien hasta formar una
   masa para poder moldear.
   Dejar reposar la masa en el frigorífico 12 horas.

2. **Masa de fijuelas:**
   Hacer una masa de fijuelas según la receta
   de la p. 118.
   Estirar la masa hasta que esté bien fina y con un
   cortapastas recortar unos círculos.
   Colocar en el centro una bolita del relleno de
   almendra.

Hacer unos pellizcos alrededor de la masa para que el mazapán quede dentro de una cápsula.

Decorar poniendo por encima unas bolitas diminutas de colores.

Hornear a 180 °C durante unos minutos hasta que la masa esté crujiente.

* * *

Estos mazapanes se solían dar antiguamente en las circuncisiones en unas bolsitas de papel celeste que contenían dos marronchinos, dos mazapanes, dos besitos de almendra y dos reventones. Se entregaban después de la circuncisión para que las personas que asistían se lo llevaran a sus casas para «adulzar» la boca.

Mermelada de mi madre

Receta de Mercedes Benaim de Cohen
Nació en Tanger y vive en Montreal

Ingredientes:
- 3 naranjas de cáscara gruesa
- 5 naranjas amargas (pueden sustituirse por pomelos)
- 2 mandarinas
- 2 limones grandes de piel gruesa
- 6 l de agua
- kg de azúcar

Elaboración:
1. Lavar, cepillar y secar las naranjas.
2. Cortar la fruta en cuatro gajos, retirar la pulpa con el pulgar y cortar esta pulpa en trozos.
3. Cortar la piel en tiritas lo más finamente posible con un cuchillo bien afilado sin quitar la piel blanca.
4. Dejar todo junto en remojo en seis litros de agua toda una noche, 12 horas.
5. Poner las pepitas de la fruta en un canastillo y hervirlas con medio litro de agua, a fuego medio y tapado durante 45 minutos. Colar y reservar el líquido.
6. Hervir la fruta con su agua durante 1 hora más o menos. Retirar del fuego una vez que la cáscara esté blanda.

7. Añadir los 3,6 kg de azúcar y el agua de las pepitas.
8. Dividir esta mezcla en dos, ya que la cantidad es muy grande.
9. Poner al fuego fuerte una de las dos partes, remover con una cuchara y retirar del fuego después de una hora, en cuanto esté en su punto.
10. Cuando se termine la primera tanda, se procede de la misma manera con la segunda.
11. La mermelada no tiene que estar muy cuajada porque al enfriar se espesa.

* * *

No utilizar vasija de aluminio, es preferible de cobre o de acero inoxidable. Dada la cantidad de mermelada que se obtiene con estas medidas (de 10 a 12 tarros), se recomienda hacer la mitad de la receta. En este caso, se pondrá al fuego una sola vez.

Miga de almendras

Receta de Perla Pariente de Bendrao
Nació en Tetuán y vivió en Madrid

Ingredientes:
- 500 g de almendras con piel
- un chorreón de agua de azahar
- la ralladura de 2 limones
- 3 o 4 yemas
- azúcar glas
- canela en polvo
- **almíbar:**
  200 g de azúcar
  100 cl de agua

Elaboración:
1. Dar un hervor a las almendras, pelarlas y triturarlas.
2. Hacer un almíbar en punto pero no de hebra.
3. Agregar a este almíbar el agua de azahar, la ralladura de los limones, las yemas una a una y al final las almendras molidas.
4. Amasarlo con una espátula y cuando enfríe, formar una bola y ponerla en un plato de cristal.
5. Dejar secar un poco hasta que se haga una corteza fina.

6. Espolvorear con azúcar glas y formar rayitas con la canela en polvo.

* * *

Esta miga de almendras la solía hacer esta señora para la festividad de Pésaj, convirtiéndose así en costumbre realizarla todos los años.

Mimona: fiesta judía. Véase p. 282.

Mogadós de nuez

Receta de Matilde Gini de Barnatán
Nació en Buenos Aires y vive en Madrid

Ingredientes:
- 500 g de nueces peladas
- 6 bizcochos alargados y con azúcar por encima
- 250 g de azúcar
- 4 cucharadas de canela en polvo
- 250 cl de agua
- 8 clavos de olor
- azúcar glas para decorar

Elaboración:
1. Triturar las nueces y los bizcochos secos y añadir poco a poco el azúcar y la canela.
2. Hervir el agua junto con los clavos de olor. Retirar los clavos y echar el agua poco a poco en la mezcla de las nueces. Esta operación es delicada, ya que si se pasa uno de líquido, puede estropear la textura.
3. Amasar un poco apretando con las manos. La masa suelta aceite.
4. Poner al fuego removiendo con una cuchara de madera durante unos minutos, con movimientos de arriba hacia abajo, hasta conseguir una consistencia maleable.
5. Cuando la masa esté tibia, formar unos rulos.
6. Aplastar estos rulos y cortar unos rombos, que se envuelven en azúcar glas.

7. La forma original de estos mogadós es de bolita, apretada con los dedos dándole forma de pirámide o de unas medias lunas.

Mogadós de muez
Receta en judeoespañol

Materiales:
- 500 g de muezes peladas
- 6 biskochos largos i kom asukar por endriva
- 250 grs de asukar
- 4 kucharas de kanela mulida
- 250 cl de agua
- 8 klavos de olor
- asukar glas para dekorar

Elaboración:
1. Machakar las muezes i los biskochos sekos endjuntos.
2. Adjustar avagar avagar la asukar i la kanela.
3. Meter a buyir el agua endjuntos kon los klavos de olor, unos minutos, kitarlos i adjustar el agua a la mesklatina de muezes.
4. Esto es delikado; es menester tener en tino el karar djusto de agua ke yeva, dunke si metemos muncha agua, no keda buena la meskla.
5. La meskla keda kon azete i se aze una mesklatina kon las manos.

6. Koser en sartén a lumbre basha moviendo kon kuchara de madera, avagar, avagar i de endriva a embasho asta ke la meskla kede atada i omojena.
7. Kuando esta pronta i no muy kaente amasar komo rulos aplastados i kurtar en rombos echando por endriva la asukar glas.
8. La forma orijinal es formar unas bolikas redondas, azer a la manera de una pirámide o bien azer medias lunas.

* * *

Esta receta proviene de la familia materna de Matilde, los Codrón-Alalouff, de Rhodas, y ha sido traducida al judeoespañol por la propia Matilde.

Monas

Receta de Estrella Azerraf
Nació en Melilla y vive en Málaga

Ingredientes:
- 1,100 kg de harina tamizada
- 250 ml de aceite
- 250 ml de agua templada
- 4 huevos grandes
- 100 g de levadura prensada
- 250 g de azúcar
- la ralladura de 2 limones grandes
- yema de huevo y azúcar para la terminación

Elaboración:
1. Desleír la levadura con el agua tibia y una cucharada de azúcar.
2. En un cuenco mezclar el aceite, el agua, los huevos, el azúcar, la ralladura de limón, la levadura desleída y agregar la harina poco a poco hasta obtener una masa homogénea.
3. Cubrir y dejar reposar una hora hasta que doble su volumen. Se puede poner una bolita de masa en un vaso de agua y cuando suba esto indica que ya se pueden formar los bollos.
4. Formar las monas redondas o alargadas. Dejar reposar 10 minutos más.

5. Untar con huevo batido y espolvorear con abundante azúcar.
6. Hornear a 180 °C en horno precalentado hasta que estén dorados.

* * *

La mona mediterránea es una masa de bollo con forma de rosco y decorada con huevos. En la Edad Media, según José Carlos Capel: «Es muy probable que cuando el cristianismo pretendió borrar la aureola de paganismo que envolvía los bollos de pascua, decidiese santificarlos señalándolos con el símbolo de la cruz. Únicamente de este modo se explica que, de ordinario, los huevos que se incrustan en monas aparezcan sujetos por dos tiras de la misma masa, como si se tratara de atarlos trazando sobre cada uno la marca de la religión». Costumbre que adoptaron los judíos conversos. (Mil pares de huevos, Capel, José Carlos, Temas de hoy, 1988.)
Véase fotografía.

Orejas de Amán

Ingredientes:
- **masa:**
  4 huevos
  1/3 de taza de aceite
  2 cucharaditas de levadura en polvo
  una pizca de sal
  ralladura de naranja o limón
  4 tazas de harina
- **relleno:**
  1 taza de pasas
  ½ taza de nueces
  ralladura de naranja
  1/3 de taza de azúcar moreno
  2 cucharadas de margarina

Elaboración:

1. Triturar las pasas y las nueces y añadirle la ralladura de naranja, el azúcar y la margarina. Reservar.

2. Mezclar todos los ingredientes secos de la masa (harina, sal y levadura) y añadir los huevos, el aceite y la ralladura de limón.

3. Tras amasar toda esta mezcla, extender la masa, recortar redondeles de aproximadamente unos 8 cm y colocar una cucharadita de relleno en el centro.

4. Cerrar los bordes de los redondeles. Para esto, recoger el redondel con tres dedos formando así un paquetito con tres puntas, un triángulo en alto.

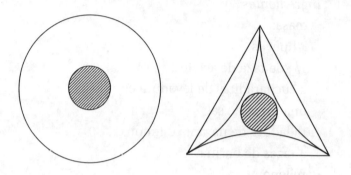

5. Hornear a 180 °C hasta que estén dorados.

Palantchincas

Receta de Estrella Mitrani
Nació en Plovdiv, Bulgaria, y vivió en Varna

Ingredientes:
- 3 huevos
- 1 vaso de leche
- 1 cucharada de harina

Elaboración:
1. Todo movido y puesto poco a poco en una sartén previamente calentada en la lumbre, untada con bastante mantequilla.
2. Dar la vuelta a la palantchinca y cuando se baja, se retira de la sartén. Untar con mermelada o queso fuerte rallado y formar un enrollado.

Palantchincas
Receta en judeoespañol

Materiales:
- 3 goevos
- 1 vaso de letche
- 1 coutchara de arina

Elaboración:

1. Carichtriado todo y escoudiado en un tehim que de antes ya esta en la lumbre, ountado boeno de manteca.
2. Aboltar la filica i coando se abacha sunta de doulce or de cachcaval raïdoi se arodea como rouleau.

* * *

Esta receta escrita en judeoespañol con mezcla de francés pertenece a la señora Estrella Mitrani, madre de mi consuegro Vico Mitrani. Está reproducida tal cual fue escrita por ella de su puño y letra (el original puede verse en las guardas de este libro).

Pan amasado

Receta de Rebeca Oziel
Nació en Larache y vive en Andorra

Ingredientes:

- 900 g de harina de fuerza (se puede adquirir en panaderías)
- 2 huevos
- 6 cucharadas de aceite de oliva
- 100 g de margarina
- 1 cucharada rasa de sal
- 1 cucharada colmada de azúcar
- 1 sobre de levadura en polvo
- 50 g de levadura prensada
- 1 vaso de agua tibia
- 1 vaso de zumo de naranja
- **para el pintado del pan:**
  1 yema
  1 cucharada de vinagre balsámico de Módena
  1 cucharadita de café soluble
- semillas de sésamo o anís para decorar

Elaboración:

1. Disolver la levadura prensada en el vaso de agua tibia.
2. Poner en el bol de la batidora eléctrica todos los ingredientes juntos, así como la levadura disuelta.
3. Agregar la harina y amasar bien.

4. Dejar reposar hasta que doble su volumen, una hora más o menos.
5. Formar los panes y volver a dejar reposar hasta que suba la masa de nuevo.
6. Los panes pueden ser en forma de trenza grande o pequeña o en forma de bollitos.
7. Pintarlo con la yema disuelta en el vinagre y el café hasta obtener un color oscuro. Esparcir semillas de sésamo o de anís.
8. Hornear a 180 °C durante 30 minutos más o menos.
9. Enfriar en la rejilla.

Pan Jbiza

Receta de Danielle Chetrit
Nació en Casablanca y vive en Madrid

Ingredientes:
- 1 huevo
- 2 cucharaditas de sal fina
- 1 cucharadita de azúcar
- 30 g de levadura prensada
- 2 cucharaditas de levadura en polvo
- 75 cl de aceite de oliva de 0,4°
- 150 cl de agua
- 1 cucharadita de sésamo
- ½ cucharadita de granos de anís
- 500 g de harina aproximadamente

Elaboración:
1. Aplastar con un tenedor la levadura con el azúcar y la sal hasta obtener una mezcla líquida.
2. Agregar el huevo y seguir batiendo con el tenedor.
3. Añadir el sésamo, el anís, la harina poco a poco, la levadura en polvo, el aceite y el agua. Amasar hasta que la masa no se pegue a las manos.
4. Dividir la masa en cuatro trozos, formar cuatro bolas y cubrirlas con un paño. Dejarlas reposar una hora bien tapadas.
5. Una vez transcurrido el tiempo, amasar de nuevo cada una de las bolas.

6. Estirar cada una de ellas, sobre la mesa enharinada, con un rodillo hasta que la masa tenga 1,5 cm de alto.
7. Una vez estirados los cuatro panes, pinchar con un tenedor toda la superficie y dejar reposar de nuevo 45 minutos.
8. Hacer incisiones pequeñas en el contorno del pan con unas tijeras a modo de decoración.
9. Hornear a 180 °C durante más o menos 20 minutos cada pan.

* * *

Este pan es una receta de familia del esposo de Danielle y es una muestra de cómo la tradición se transmite en las familias judías a través de los varones. La mujer, cuando se casa, adopta las costumbres de la familia del esposo. Véase fotografía.

Pasta real de Flora

Receta de Flora Cohen
Nació en Tetuán y vive en Caracas

Ingredientes:
- 7 huevos
- 150 g de azúcar
- 175 g de harina
- 1 cucharada colmada de maicena (25 g)
- 40 g de aceite
- 2 cucharaditas de levadura en polvo
- 1 cucharada de zumo de limón

Elaboración:
1. Tamizar la harina, la maicena y la levadura en polvo tres veces.
2. Calentar las claras con el azúcar al baño María y batirlas a punto de nieve.
3. Añadir las yemas una a una, la cucharada de zumo de limón, el aceite y la harina poco a poco.
4. Engrasar un molde de 27 cm x 37 cm, espolvorearlo con harina y poner en el fondo papel encerado.
5. Hornear a 180 °C hasta que se hinche y esté firme, entre 15 y 17 minutos. Se puede pinchar con un palillo hasta que éste salga seco, entonces estará listo.

Pasta real de Sara

Receta de Sara Gheteas de Cohen
Nació en Caracas y vive en Madrid

Ingredientes:
- 7 huevos
- 1 vaso de harina
- 1 ¼ vaso de azúcar
- la ralladura de un limón
- una cucharadita de levadura en polvo
- 2 cucharadas de agua
- una pizca de sal

Elaboración:
1. Batir las claras a punto de nieve agregando dos cucharadas de agua y una pizca de sal.
2. Añadir el azúcar, las yemas, la ralladura de limón y, por último, la harina previamente tamizada con la levadura en polvo.
3. Engrasar un molde y verter dentro el preparado.
4. Hornear a 175 °C durante aproximadamente 45 minutos.

Petits fours de nueces

Receta de Soly Ribbi
Nació en Tánger y vive en Caracas

Ingredientes:
- 200 g de azúcar
- 100 cl de agua
- 500 g de nueces molidas
- fondant (véase receta p. 223)
- extracto de café (1 cucharada de café soluble y 1 cucharadita de whisky)
- granos de café de chocolate para decorar

Elaboración:
1. Hacer un almíbar suave con el azúcar y el agua.
2. Echar parte de este almíbar caliente y el extracto de café sobre las nueces molidas para formar una masa maleable. Agregar más almíbar si la masa está dura o más nueces molidas si la masa está demasiado blanda.
3. Formar con la masa tibia unas bolitas y dejar secar sobre una rejilla.
4. Derretir el fondant a fuego muy lento (con el calor intenso el fondant pierde brillo).
5. Meter las bolitas de nuez en el fondant, sacarlas con cuidado y volver a colocarlas en la rejilla. Poner inmediatamente en el centro de cada bolita un grano de café de chocolate a modo de decoración.
6. Dejar secar y colocar cada bolita en una cápsula de papel.

Petits fours de zanahorias

Receta de Flora Serfaty de Cohen
Nació en Tetuán y vive en Caracas

Ingredientes:
- 1 kg de zanahorias hervidas
- el zumo de 4 naranjas
- el zumo de 2 limones
- ralladura de una naranja
- 300 g de azúcar
- piñones para decorar

Elaboración:
1. Hacer un puré con las zanahorias hervidas.
2. Poner al fuego el zumo de naranja y dejar reducir.
3. Añadir a este jarabe el azúcar, el zumo de los limones y la ralladura de naranja. Una vez disuelta el azúcar, agregar el puré de zanahorias.
4. Cuando espese la crema y se despegue la masa de la cazuela, retirarla del fuego y dejar enfriar.
5. Formar bolitas. Envolverlas en azúcar y poner un piñón en el centro para decorar. Servir en cápsulas de papel.

Piñón

Receta de Chuchi Nahon de Benzadón
Nació en Tetuán y vivió en Madrid

Ingredientes:
- masa de fijuelas (véase receta p. 82)
- 1 tarro de 250 g de mermelada de cabello de ángel
- 100 g de pasas de Corinto
- 500 g de almendras molidas
- 1 vaso de almíbar hecho con 2 vasos de azúcar
  y 1 de agua
- vainilla
- 2 o 3 yemas, según el tamaño de los huevos

Elaboración:
1. Hacer una masa de fijuelas según la receta.
2. Poner en un cazo al fuego la almendra molida con un vaso de almíbar.
3. Remover hasta que empiece a despegar.
4. En ese momento agregar tres yemas de huevo, un poco de vainilla, remover bien y apartar del fuego.
5. Recubrir una bandeja de horno con papel encerado y extender sobre ella una capa fina de masa de fijuela.
6. Recubrir esta masa con el cabello de ángel bien extendido.
7. Esparcir sobre el cabello de ángel las pasas de Corinto y volver a poner otra capa de masa fina.

8. Recubrir con la crema de almendra y extender de nuevo la última capa de masa de fijuelas.
9. Pintar con yema y con un cuchillo afilado cortar la masa rellena en cuadrados de aproximadamente 4 cm.
10. En cada cuadradito poner cuatro piñones.
11. Hornear a temperatura moderada unos minutos hasta que estén un poco dorados.
12. Volver a cortar por los cortes señalizados anteriormente y poner en cápsulas de papel.

* * *

Estos cuadraditos llamados Piñón no podían faltar en ninguna fiesta que organizaba esta señora y se convirtió en postre familiar.

Piñonate

Receta de Rahel Benitah
Nació en Tánger y vive en Ashod

Ingredientes:

- 600 g de harina
- 1 sobre de levadura en polvo
- 4 huevos
- 4 cucharadas de agua
- 4 cucharadas de aceite
- 1 cucharadita de agua de azahar

Elaboración:

1. Realizar una masa con todos los ingredientes.
2. Formar unos rollitos, cortarlos en trocitos y freírlos. Reservar.
3. **Caramelo:**
   Por cada tres vasos de masa frita se necesita un vaso y medio de caramelo.
   Poner el azúcar en una sartén antiadherente hasta conseguir un caramelo rubio.
   Envolver todos los trocitos de masa frita con el caramelo caliente.
   Extender sobre un Silpat y una vez frío cortar en rectángulos.

Plato montado de mamá Berta

Receta de Berta Laredo de Bensadón
Nació en Tanger y vivió en Madrid

Ingredientes:
- **pasta real:**
  6 huevos
  6 cucharadas soperas de azúcar
  6 cucharadas de harina
  1 vaso de agua y 1 vaso de azúcar para un almíbar muy flojo
- **crema de almendras:**
  2 vasos de agua y 1 vaso de azúcar para un almíbar flojo
  1 cucharada de licor
  1 cucharada de maicena
  2 o 3 yemas
  cáscara de limón
  1 vaso de almendras peladas y molidas
  agua de azahar
- mousse de chocolate (véase receta p. 241). Tiene que hacerse la víspera.

Elaboración:
1. **Pasta real:**
   Batir juntos los huevos con el azúcar hasta que blanqueen y estén muy aireados.
   Añadir la harina a mano con una espátula.

Hornear a 180 °C durante 30 minutos más o menos.
Hacer un almíbar muy flojo con el vaso de azúcar y el
de agua y perfumarlo con un poco de licor.
Una vez frío el bizcocho, cortar horizontalmente en
tres discos y, con un pincel, emborracharlos con el
almíbar.

2. **Crema de almendras:**
   Hacer un almíbar flojo con dos vasos de azúcar y uno
   de agua.
   Añadir a este almíbar una cucharada de maicena
   diluida en un poco de agua, 2 o 3 yemas, las
   almendras molidas y una cucharada de agua de
   azahar.
   Pinchar una cáscara de limón al tenedor y remover
   con ésta la crema en el fuego unos minutos. La
   mezcla tiene que tener una consistencia cremosa.

3. **Montaje:**
   Poner el primer disco de bizcocho en el plato de
   servir y extender la mitad de la mousse de chocolate,
   poner encima el otro disco y cubrir con la crema de
   almendras.
   Colocar encima el último disco y recubrir con el resto
   de la mousse de chocolate.
   El bienmesabe se suele adornar con chocolate encima
   de la última capa y, por último, con un poco de
   merengue (véase receta p. 237).

Polvorones de aceite

Receta de Licita Cohen de Pinto
Nació en Tanger y vivió en Casablanca

Ingredientes:

- 1 vaso de aceite
- 1 vaso de azúcar
- 1 cucharadita rasa de bicarbonato
- 1 cucharadita de canela
- 50 g de almendra molida
- harina para una masa dura
- azúcar glas

Elaboración:

1. Mezclar todos los ingredientes.
2. Extender la masa en una superficie enharinada y cortar los polvorones con la ayuda de un cortapastas.
3. Hornear a 170 °C durante 10 minutos.
4. Dejar enfriar y espolvorear con azúcar glas.

Polvorones de avellana

Receta de Mari Cohen de Bendahan
Nació en Tetuán y vivió en Madrid

Ingredientes:

- 500 g de harina
- 500 g de avellanas molidas
- ½ vaso de aceite de girasol
- unas gotas de extracto de vainilla
- ½ vaso de azúcar
- azúcar glas

Elaboración:

1. Tostar la harina en el horno.
2. Triturar las avellanas finamente.
3. Mezclar bien las avellanas con la harina y el azúcar.
4. Ir agregando poco a poco el aceite para ligar la masa, a veces no es necesario echar todo el aceite.
5. Cortar los polvorones y cocerlos en el horno muy poco tiempo a 180 °C.
6. Pasarlos por azúcar glas y envolverlos en papelillos de celofán.

Polvorosas

Receta de Merche Truzman
Nació en Melilla y vive en Madrid

Ingredientes:
- 100 g margarina vegetal
- 1/2 vaso de aceite
- 1/2 vaso de azúcar glas
- 2 cucharaditas rasas de levadura en polvo
- aroma de vainilla
- harina suficiente para obtener una masa blanda (aproximadamente 400 g)
- semillas de sésamo blanco

Elaboración:
1. Batir la margarina junto con el azúcar glas y añadir el aceite.
2. Seguir batiendo e incorporar la levadura y la vainilla.
3. Añadir poco a poco la harina tamizada hasta obtener una masa blanda sin que sea pegajosa.
4. Formar bolitas de 3 cm y achatarlas un poco. Cubrir con las semillas de sésamo.
5. Poner en una bandeja de horno recubierta de papel encerado y hornear a 180 °C durante 15 minutos.

Pudin Donna

Receta de Donna Benzaquen
Nació en Tánger y vivió en Madrid

Ingredientes:

- 12 huevos grandes
- 1 tarro de mermelada de naranja amarga
- 4 mandarinas en dulce cortadas en daditos
- 1 vaso menguado de azúcar
- 1 cucharada de agua de azahar
- 3 cucharadas de canela en polvo
- unas gotas de vainilla
- 2 cucharadas de coñac
- 1 ½ vaso de almendras con piel trituradas

Elaboración:

1. Mezclar todos los ingredientes juntos.
2. Hacer un caramelo claro y repartir con mucho cuidado en un molde.
3. Volcar la mezcla en el molde y ponerlo al baño María en el horno a 180 °C, bajando a los 10 minutos a 160 °C para dejarlo así durante una hora y media más.
4. También se puede hornear sin baño María. En este caso, hornear a 140 °C.

Pudin de coco

Receta de Alegría Bendrihem
Nació en Tetuán y vive en Madrid

Ingredientes:

- 7 huevos
- 1 ½ vaso de azúcar
- ½ vaso de agua
- 1 vaso de coco rallado
- azúcar para caramelizar un molde

Elaboración:

1. Hacer un almíbar flojo con el azúcar y el agua.
2. Batir los huevos ligeramente.
3. Añadir el coco y el almíbar bien caliente.
4. Mezclar bien todos los ingredientes y volcar el preparado en un molde previamente caramelizado.
5. Hornear tapado al baño María durante 30 minutos a 180 °C, y luego, destapado 5 minutos más al grill.
6. Pinchar con una aguja para verificar la cocción.

Pudin de la abuelita

Receta de Clarita Benaim
Nació en Melilla y vive en Madrid

Ingredientes:
- 1 vaso de almendras con piel
- 2 vasos de azúcar menguados
- 2 cucharadas de miel
- ½ vaso de vino blanco
- letuario de limón (véase receta p. 100)
- 2 cucharadas de mermelada de naranja amarga
- 9 huevos
- 2 yemas
- ralladura de un limón
- vainilla
- 1 cucharada de canela en polvo
- un puñadito de pasas de Corinto
- azúcar para caramelizar un molde

Elaboración:
1. Triturar las almendras con piel y cortar en trocitos el letuario de limón (también puede hacerse, por ejemplo, con letuario de naranja).
2. Seguir añadiendo los demás ingredientes.
3. Hacer un caramelo y repartirlo por el molde.
4. Verter la mezcla sobre el caramelo.
5. Poner el molde al baño María en el horno a 180 °C durante más o menos 30 minutos.

6. Meter una aguja para verificar que esté hecho.
7. Dejar reposar el pudin dos horas fuera del horno.
8. Antes de desmoldarlo hay que poner en los bordes un poquito de agua, sólo lo suficiente para que penetre hasta el fondo. Luego poner el molde a fuego lento hasta que el pudin se mueva y se vaya despegando. Así se desmoldará muy fácilmente.
9. Por último, dar la vuelta al molde sobre un plato para servir.

Puritos de almendra

Receta de Nelly Levy de Cohen
Nació en Melilla y vive en Barcelona

Ingredientes:
- 1 paquete de hojas de brick
- 200 g de almendras blancas crudas
- 60 g de azúcar
- 1 clara de huevo o 2
  (según admita la masa)
- ralladura de 2 limones
- almíbar (véase receta p. 30)

Elaboración:
1. Triturar las almendras, mezclarlas con el azúcar, la ralladura de limón y ligarlo bien con la clara de huevo. Si la pasta está muy dura, añadir otra clara de huevo poco a poco.
2. Cortar las hojas de brick en cuatro y poner en cada cuarto un poco de pasta de almendra en la base más ancha.

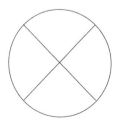 

3. Doblar los picos laterales hacia dentro y enrollar hacia la parte de la hoja en punta hasta formar un purito.

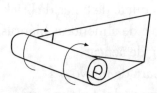

4. Sellar con un poco de clara batida.
5. Freír los puritos y pasarlos por el almíbar.

Reventones

Ingredientes:
- 300 g de almendras con piel
- 125 g de nueces peladas
- 200 g de azúcar
- 2 huevos
- 1 cucharada de canela en polvo
- ralladura de un limón grande
- azúcar glas para envolverlos

Elaboración:
1. Triturar por separado las almendras con piel y las nueces.
2. Mezclar en un cuenco las almendras, las nueces, el azúcar, la ralladura de limón, la canela y los huevos.
3. Tapar y dejar reposar en frío durante 12 horas.
4. Formar bolitas del tamaño de una nuez.
5. Pasarlas por abundante azúcar glas y disponerlas en cápsulas de papel o bien directamente sobre un Silpat en la placa del horno.
6. Hornear a 180 °C durante 8 minutos.
7. Hay que sacarlos blandos del horno porque si no al enfriar se endurecen.

* * *

Con el calor las bolitas reventarán, de ahí su nombre.

Reventones de almendras y nueces

Receta de Estrella Benalal
Nacio en Tetuán y vive en Madrid

Ingredientes:
- 2 vasos de almendra con piel (350 g)
- 1 vaso de nueces (120 g)
- 1 vaso menguado de azúcar glas (180 g)
- 2 claras de huevo batidas
- 1 cucharadita de canela en polvo
- ½ cucharadita de clavo molido
- 2 cucharadas de agua
- azúcar glas

Elaboración:
1. Triturar las almendras y las nueces.
2. Mezclar con los demás ingredientes, excepto las claras de huevo.
3. Formar una masa «normalita, ni muy dura ni muy blanda».
4. Ir agregando las claras batidas con tenedor poco a poco.
5. Dejar reposar por lo menos tres horas en el frigorífico.
6. Forrar la bandeja del horno con papel de aluminio.

7. Mojarse las manos con clara de huevo y formar unas bolas no muy pequeñas, del tamaño de una nuez grande.
8. Pasarlas por azúcar glas y hornear a 180 °C durante 10 minutos.
9. Sacarlas del horno muy blandas y retirarlas de la bandeja cuando estén frías.

Rosquillas rápidas

Ingredientes:
- 3 huevos en un vaso
- la misma medida de aceite
- la misma medida de azúcar
- ralladura de limón o vainilla (para aromatizar)
- harina suficiente para obtener una masa más bien dura

Elaboración:
1. Mezclar todos los ingredientes y agregar la harina hasta que la masa no se pegue a las manos.
2. Formar las rosquillas y freír en abundante aceite caliente.
3. Pasarlas por azúcar.

* * *

Se puede cambiar la cantidad de huevos para conseguir más o menos rosquillas.

Rosquitas

Receta de Sara Belicha
Nació en Tánger y vivió en Madrid

Ingredientes:
- 4 huevos grandes
- 65 g de aceite de girasol
- 1 sobre de levadura en polvo
- 450 g de harina
- ralladura de limón
- una pizca de sal
- almíbar (véase receta p. 30)

Elaboración:
1. Batir los huevos a mano añadiendo el aceite, la sal, la ralladura, la harina y la levadura.
2. Amasar y dejar reposar media hora.
3. Formar unos rulitos de masa de más o menos 2 cm de ancho y cerrar los extremos, formando así las rosquitas.
4. Antes de freírlas hacer unas cuantas incisiones en el contorno de las rosquitas con unas tijeras a modo de decoración.
5. Calentar abundante aceite de girasol a fuego fuerte, reduciendo la temperatura antes de freír las rosquitas.
6. Una vez fritas, pasar las rosquitas por el almíbar.

Rosquitas de coco

Receta de Alegría Bendrihem
Nació en Tetuán y vive en Madrid

Ingredientes:
- 4 huevos
- 1 vaso de azúcar
- ³/₄ de vaso de aceite
- 1 ½ vaso de coco
- 1 sobre de levadura en polvo
- harina para obtener una masa suave
- coco rallado para decorar

Elaboración:
1. Batir los huevos con el azúcar, el aceite, la levadura y el coco.
2. Ir incorporando harina hasta obtener una masa suave.
3. Dejarla reposar durante 30 minutos.
4. Con un trocito de masa formar un cordón uniendo los extremos. Aplastar hasta conseguir una rosquilla plana.
5. Untar por encima huevo batido y espolvorear con coco rallado.
6. Hornear unos minutos a 180 °C.

Manzanas con ciruelas y crema

Egipcios

Tarta de castaña y pera

Rosquitas fritas con miel

Hojuelas

Pan Jbiza

Rosquitos salados

Letuarios

Almendrados

Monas

Tangerinas

Tortitas cribadas

Tarta de mazapán rellena de crema de limón

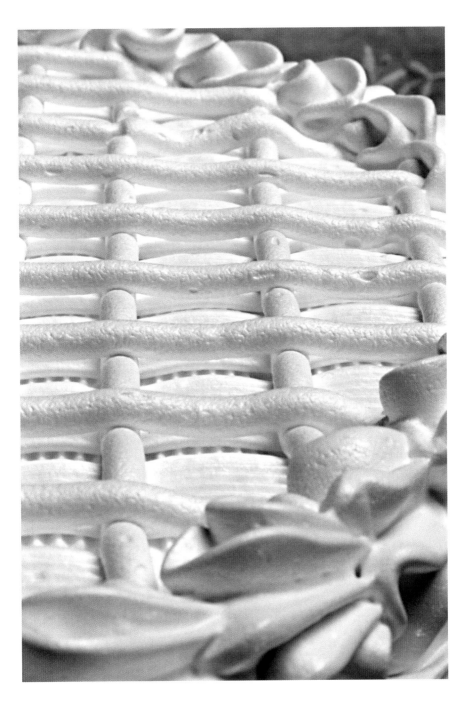

Tarta de merengue seco y mousse de chocolate

Mano en pasta de azúcar realizada por la autora

Rosquitas de mamá

Receta de Mercedes Benarroch
Nació y vivió en Tánger

Ingredientes:
- 6 huevos
- 50 g de azúcar
- una pizca de sal
- ³/₄ de vaso de aceite de girasol
- 1 cucharadita colmada de levadura en polvo
- 600 g de harina
- almíbar (véase receta p. 30)

Elaboración:
1. Mezclar los huevos, el azúcar, la sal, la levadura en polvo y la harina poco a poco.
2. Formar una bola de masa y ponerla sobre una superficie de trabajo.
3. Añadir el aceite poco a poco al mismo tiempo que se va trabajando la masa.
4. Formar unas rosquillas, freírlas y colocarlas sobre papel absorbente.
5. Pasarlas por el almíbar.

* * *

Es recomendable consumirlas en el día o congelarlas.

Rosquitas de naranja

Receta de Raquel Garzón de Israel
Nació en Tetuán y vive en Madrid

Ingredientes:
- 30 g de levadura prensada
- 100 ml de agua
- una cucharadita de azúcar
- 3 huevos
- 6 cucharadas de aceite
- 3 cucharadas de azúcar
- ½ vaso de zumo de naranja
- 500 g de harina aproximadamente
- **almíbar:**
  2 vasos de azúcar
  1 vaso de agua
  zumo de medio limón
  2 cucharadas de miel

Elaboración:
1. Diluir la levadura con el agua y el azúcar.
2. Batir los huevos con el aceite, las cucharadas de azúcar y el zumo de naranja.
3. Incorporar la harina hasta conseguir una masa blanda. Es preferible que se pegue un poco a las manos y haya necesidad de untarse las manos de harina o aceite para trabajarla.
4. Dejar reposar la masa.

5. Separar una bolita y ponerla en un vaso de agua templada y cuando ésta suba formar unas rosquitas.

6. Sobre un paño espolvoreado de harina ir colocando las rosquitas recién formadas.

7. Separar de nuevo una bolita de masa y ponerla en un vaso de agua templada y cuando suba, las rosquitas estarán listas para freír.

8. Calentar una sartén grande con abundante aceite.

9. Para comprobar que la temperatura del fuego es la adecuada, freír una corteza de pan y retirar.

10. Mientras se fríen las rosquitas hay que mantener el aceite bien caliente y al retirarlas hay que disminuir la temperatura del mismo.

11. Una vez fritas, disponer las rosquitas en un colador con papel de cocina absorbente para que no queden muy aceitosas.

12. Hacer el almíbar y bañar las rosquitas.

Rosquitas fritas

Receta de Sarita Bengio de Benchabo
Nació en Tánger y vive en Madrid

Ingredientes:
- 4 huevos
- media taza de azúcar (100 g)
- media taza de aceite de girasol (90 ml)
- media taza de zumo de naranja(100 ml)
- ¼ de taza de agua (50 ml)
- un sobre de levadura en polvo
- ralladura de una naranja
- dos pizcas de sal
- 700 g de harina aproximadamente
- **almíbar:**
  2 tazas de azúcar
  1 taza de agua
  medio limón
  1 tarro de miel

Elaboración:
1. Batir las claras a punto de nieve.
   Agregar el azúcar.
2. Seguir batiendo y añadir las yemas, el aceite, el agua, el zumo, ralladura de naranja y el sobre de levadura en polvo.
3. Seguir echando harina poco a poco hasta obtener una masa ligera que casi no se pegue a los dedos.

4. Dejar reposar la masa 45 minutos. Con las manos untadas en aceite formar unos palitos.

5. Ponerlos en una superficie antiadherente o Silpat para que no se peguen y dejar reposar los palitos 15 minutos.

6. Hacer el almíbar poniendo todos los ingredientes en un cazo, excepto la miel, que se añade cuando comienza a espesar. Reservar.

7. Calentar el aceite en una sartén a fuego medio y freír las rosquitas. Se van dando la vuelta solas.

8. Escurrir las rosquitas sobre papel absorbente y pasarlas por el almíbar.

9. Servirlas el mismo día o congelar.

* * * .

Me he permitido cambiarles la forma, a pesar de que Sarita las moldea como rosquillas.
Véase fotografía.

Rosquitos salados

Receta de Sara Carciente
Nació en Melilla y vive en Barcelona

Ingredientes:
- 200 g de margarina
- 180 g de aceite de girasol
- 25 a 30 g de levadura prensada
- 1 cucharada de sal fina
- 200 cl de agua
- 1 kg de harina
- una cucharadita de azúcar
- sésamo blanco
- 1 huevo

Elaboración:
1. Disolver la levadura con un cucharadita de azúcar y dejar que suba.
2. Agregar todos los ingredientes echando la harina poco a poco.
3. Dejar reposar la masa.
4. Formar los rosquitos, pasarlos por huevo batido y envolverlos en sésamo.
5. Hornear a 170 °C hasta que estén dorados.

* * *

Véase fotografía.

Tangerinas

Receta de Nelly Serfaty de Israel
Nació en Tetuán y vive en Madrid

Ingredientes:
- 6 huevos
- 250 g de azúcar
- 300 g coco rallado
- **crema:**
  6 yemas
  6 cucharaditas colmadas de azúcar
  2 cucharada de agua
  3 cucharadas de whisky
  una cáscara de limón

Elaboración:
1. Montar las claras a punto de nieve, echando el azúcar poco a poco, hasta que estén bien firmes.
2. Agregar el coco rallado a mano removiendo con unas varillas.
3. Disponer montoncitos de este merengue sobre un Silpat o papel vegetal.
4. Hornear a 180 °C de 10 a 15 minutos. Tienen que estar cuajados, pero no deben adquirir un color oscuro.
5. Dejarlos enfriar y despegarlos del papel.
6. Para preparar la crema, poner en un cazo las yemas con el azúcar, el agua y el whisky.

7. Pinchar una cáscara de limón con un tenedor, y remover las yemas a fuego lento.
8. Seguir moviendo hasta que la crema coja consistencia.
9. Juntar dos merengues poniendo un poco de crema entre los dos.
10. Con un cuchillo eléctrico, cortar los merengues rellenos por la mitad. Estos merengues son blanditos, jugosos y redondos, por eso es mejor utilizar un cuchillo eléctrico, si se parten con uno normal se corre el riesgo de que se salga la crema.

* * *

Véase fotografía.

Tarta de almendra (lengua)

Receta de Alegría Israel de Hassan
Nació en Tetuán y vivió en Madrid

Ingredientes:
- **bizcocho:**
  3 huevos
  2 cucharadas de agua
  2 cucharadas de azúcar
  3 cucharadas de harina
  1 sobre de levadura en polvo
  crema:
  2 cucharadas de maicena
  3 cucharadas de azúcar
  unas gotas de vainilla
  2 yemas de huevo
  ralladura de limón
- **mazapán:**
  600 g de almendras blancas
  300 g de azúcar

Elaboración:
1. **Bizcocho:**
   Batir las tres yemas con tres cucharadas colmadas de azúcar y dos cucharadas de agua. Agregar tres cucharadas colmadas de harina, previamente cernida con el sobre de levadura en polvo.
   Montar las claras a punto de nieve e incorporarlas a la crema de yemas.

Forrar un molde con papel de aluminio y volcar el preparado. Hornear a 180 °C hasta que esté firme. Pinchar con una aguja para verificar la cocción.

2. **Crema:**
Diluir muy bien las dos cucharadas de maicena y las tres cucharadas de azúcar con un vaso y medio de agua fría (agua suficiente para hacer una crema muy suave) y unas gotas de vainilla.
Cuando la crema esté tibia, agregar las dos yemas y la ralladura de limón a la crema.

3. **Mazapán:**
Triturar muy bien la almendra con el azúcar. Montar tres claras a punto de nieve sin azúcar e incorporarlas a la masa de almendra.

4. **Montaje:**
Partir el bizcocho horizontalmente por la mitad y rellenarlo con la crema. Cubrir el bizcocho relleno con el mazapán, tiene que tener un grosor aproximado de 1 cm.
Hornear a baja temperatura durante 30 minutos para que seque el mazapán. Una vez frío, espolvorear toda la superficie de la tarta con azúcar glas y poner un adorno.

* * *

Esta señora firmaba siempre sus recetas con las palabras «con bien lo comáis».

Tarta de almendra de tita Hortensia

Receta de Hortensia Bendahan de Arama
Nació en Tánger y vive en Madrid

Ingredientes:
- 8 huevos
- 300 g de almendra en polvo
- 250 g de azúcar
- 2 cucharadas de harina
- 1 cucharadita de levadura en polvo
- una pizca de sal
- 8 cucharadas de azúcar
- ½ vasito de whisky

Elaboración:
1. Batir las claras a punto de nieve con una pizca de sal y agregar el azúcar.
2. Mezclar a mano la almendra en polvo, la harina y la levadura.
   Verter el preparado en un molde.
3. Hornear a 150 °C hasta que esté firme y dorado.
4. Hacer una crema batiendo las yemas con el azúcar glas en la batidora, agregar el whisky y seguir batiendo.
5. Al retirar el molde del horno, pinchar la tarta y cubrir con la crema que hemos hecho.

6. Desmoldar y repetir la misma operación, es decir, pinchar muy bien la tarta y cubrir con el resto de crema.

* * *

Esta tarta debe reposar hasta el día siguiente porque así se obtendrá un resultado más jugoso.

Tarta de almendra y albaricoque

Receta de Mercedes Bendayan
Nació en Tetuán y vive en Madrid

Ingredientes:
- **fondo de tarta:**
  250 g de harina
  100 g de mantequilla
  2 cucharadas soperas de aceite
  2 cucharaditas de levadura en polvo
  1 cucharada sopera rasa de azúcar
  1 huevo
  una pizca de sal
- **crema:**
  2 huevos
  200 g de azúcar
  zumo de un limón
  una pizca sal
  175 g de almendra molida
- mermelada de albaricoque
- azúcar glas para decorar

Elaboración:
1. **Fondo de tarta:**
   Mezclar todos los ingredientes juntos dejando para el final la harina, previamente tamizada, junto con la levadura en polvo.

Cubrir con la masa el fondo y los lados de un molde
para tarta acanalado y desmontable. Hornear a 180 °C
durante unos minutos.

2. **Elaboración de la crema:**
Batir las yemas y el azúcar hasta que blanqueen.
Añadir la almendra molida y el zumo de limón.
Montar las claras a punto de nieve con la pizca de sal
y añadir delicadamente a la mezcla de las yemas.

3. **Montaje:**
Retirar el fondo de tarta del horno a medio hacer,
cubrir con la mermelada de albaricoque y verter por
encima la crema de almendras.
Volver a hornear a 180 °C hasta que se dore. Verificar
con un palillo la cocción (tiene que salir limpio y
seco). Una vez fría, espolvorear la tarta con azúcar
glas.

Tocino de cielo
y bizcocho de Nelly

Receta de Nelly Levy de Cohen
Nació en Melilla y vive en Barcelona

Ingredientes:
- **tocino de cielo:**
  5 yemas
  3 huevos
  1 vaso de agua
  extracto de vainilla
  200 g de azúcar para hacer el caramelo
  almíbar flojo (véase receta p. 31)
- **bizcocho:**
  5 huevos
  4 cucharadas de harina
  1 cucharada de maicena
  5 cucharadas de azúcar
  2 cucharaditas rasas de levadura en polvo
  almíbar claro (250 cl de agua, 100 g de azúcar y un
  chorro de whisky)
  100 g de avellanas tostadas y picadas
  merengue para decorar (véase receta p. 237)

Elaboración:
1. **Tocino de cielo:**
   Hacer un caramelo con 200 g de azúcar y repartirlo
   en un molde de 27 cm de diámetro por 7 cm de alto.

Hacer un almíbar flojo. Mezclar las cinco yemas con los huevos, el almíbar y unas gotas de extracto de vainilla.

2. **Bizcocho:**
Tamizar la harina junto con la maicena y la levadura en polvo.
Montar las claras a punto de nieve con una pizca de sal y el azúcar. Añadir las yemas una a una y, por último, agregar poco a poco y suavemente la mezcla de harina.

3. **Montaje de la tarta:**
Verter el preparado del tocino de cielo sobre el molde caramelizado.
Distribuir la mezcla del bizcocho cucharada a cucharada sobre el tocino de cielo y hornear a180 °C al baño María. Después de 30 minutos pinchar con una aguja y verificar que sale seca. Mantener la tarta en su molde.
Hacer un almíbar claro con 250 cl de agua y 100 g de azúcar, cocer durante 10 minutos al fuego. Retirar y añadir luego un poco de whisky.
Echar sobre la tarta este sirope y cubrir el bizcocho empapado con 100 g de avellanas tostadas y picadas, aplastando con la mano. Una vez bien frío, desmoldar y decorar con merengue alrededor. Se puede congelar sin desmoldar.

Tortas dulces de Memé

Receta de Rahma Cohen
Nació en Tánger y vivió en Madrid

Ingredientes:
- 1 kg de harina
- 2 huevos
- 1 vaso de aceite
- 2 vasos de zumo de naranja
- 2 cucharadas colmadas de azúcar
- 2 cucharaditas de sal fina
- 1 cucharada de sésamo

Elaboración:
1. Mezclar todos los ingredientes juntos.
   Amasar bien y rebajar la masa con un rodillo.
   Pasar por la laminadora o seguir rebajando con el rodillo.
2. Doblar la masa en tres, en forma de cartera. Girarla un cuarto de circunferencia y proceder de nuevo a rebajar la masa.
3. Esta operación se efectuará varias veces seguidas (también se puede hacer con una laminadora de pasta).
4. Una vez que la masa esté bien fina, recortar las tortitas con un cortapastas redondo acanalado de 6 cm de diámetro.
5. Proceder entonces a la «criba», es decir, dar pellizcos

con dos dedos sobre las tortitas para crear esta decoración tan especial (véase fotografía de las tortitas cribadas en el cuadernillo central).

6. Colocar las tortitas en una bandeja y hornear a 170 °C unos 10 minutos hasta que estén un poco doradas. Dejarlas enfriar en rejilla antes de guardarlas.

Tortitas cribadas de Fez

Receta de Danielle Chetrit
Nació en Casablanca y vive en Madrid

Ingredientes:
- ½ vaso de aceite de oliva de 0,4°
- 1 vasito de agua
- 2 cucharaditas rasas de sal fina
- 2 cucharaditas rasas de azúcar
- 2 cucharaditas rasas de levadura en polvo
- 2 cucharaditas de sésamo
- 1 cucharadita de granos de anís
- 700 g de harina

Elaboración:
1. Poner todos los ingredientes juntos y amasar bien. La masa tiene que tener una consistencia más bien blanda antes de empezar la elaboración de las tortitas.
2. Trocear la masa en 9 o 10 partes y formar unas bolas. Tapar con un paño.
3. El proceso, que deberá repetirse con cada bola, para hacerlo en una máquina laminadora de hacer pastas es el siguiente:
   Pasar la masa por el n.° 3 con el fin de laminarla, espolvorear con un poquito de harina y doblarla en tres como un sobre. Volver a laminar.
   Esta operación debe repetirse tres veces y se obtiene una tira de masa homogénea.
   Coforme se vayan haciendo las tiras ya trabajadas,

colocar las unas sobre las otras. Se va consiguiendo como un «pan de molde» de tiras de masa. Aplastar este «pan» con el rodillo y dividir en dos para que la tira no sea tan larga.

Volver a pasar la masa por la laminadora por el n.° 3, doblarla en tres como un sobre y repetir la operación dos veces.

Por último, pasar la banda de masa obtenida por la laminadora n.° 5. Se consigue así una tira muy fina.

4. Cortar unos redondeles con un cortapastas ondulado de aproximadamente 6 cm. Cribar cada redondel haciendo unos pellizcos con los dedos hasta conseguir unas tortitas cribadas (agujereadas).

5. Hornear a 130 °C durante 20 minutos más o menos. Dejar enfriar y conservar.

* * *

Véase fotografía.

Tortitas cribadas de Myriam

Receta de Myriam Assa
Nació en Tánger y vivió en Madrid

Ingredientes:
- 1 kg de harina
- ½ vaso de aceite
- ½ vasito de anís
- ajonjolí o sésamo
- 3 cucharaditas de levadura en polvo
- 3 cucharaditas de sal fina
- 3 cucharaditas de azúcar
- 1 ½ vaso de agua templada

Elaboración:
1. Mezclar en el bol de la batidora todos los ingredientes. Añadir la harina.
   La masa tiene que estar compacta pero no excesivamente dura.
2. Espolvorear con harina la mesa de trabajo y rebajar la masa con un rodillo, formando una franja de 1 cm de ancho. Pasar por la laminadora o seguir rebajando con el rodillo.
3. Doblar la franja en tres, en forma de cartera. Girar la pasta un cuarto de circunferencia y proceder de nuevo a rebajar de nuevo la masa. Esta operación se efectuará seis veces seguidas.
4. Una vez que la masa esté bien fina, formar las tortitas con un cortapastas redondo acanalado. Proceder a la

«criba», es decir, hacer pellizcos con dos dedos (véase fotografía de las tortitas cribadas en el cuadernillo central).

5. Colocarlas en una bandeja y hornear a 130 °C unos 10 minutos hasta que tomen color. Sacarlas del horno y dejarlas enfriar antes de guardarlas.

* * *

Estas tortitas cribadas no podían faltar en ninguna merienda. Cada familia tenía una receta distinta, pero antiguamente tenían un tamaño grande y se horneaban en el horno público.

Tortitas de hojaldre de mamá Garzón

Receta de Raquel Garzón
Nació en Tetuán y vive en Madrid

Ingredientes:
- un huevo
- ½ limón exprimido
- ¼ de vaso de aceite
- 1 cucharada de azúcar
- ½ vaso de agua
- un plato sopero lleno de harina (250 g)
- aceite y margarina derretida
- ajonjolí o sésamo tostado para decorar
- **almíbar:**

  2 vasos de azúcar

  1 vaso de agua

  ½ limón exprimido

  2 cucharadas de miel

Elaboración:
1. Mezclar manualmente todos los ingredientes y, por último, la harina.
2. Laminar la masa por la máquina de hacer pasta consiguiendo tres láminas finas.
3. La primera tira extendida se unta con aceite y margarina derretida y se espolvorea con harina.

Repetir la misma operación con las otras dos tiras.

4. Poner las tiras untadas, una encima de la otra. Enrollarlas y formar así un rollo que se cortará en tajadas no muy gruesas.
5. Estirar cada rodaja con un rodillo y freír en abundante aceite.
6. Pasar por almíbar y espolvorear con ajonjolí tostado.

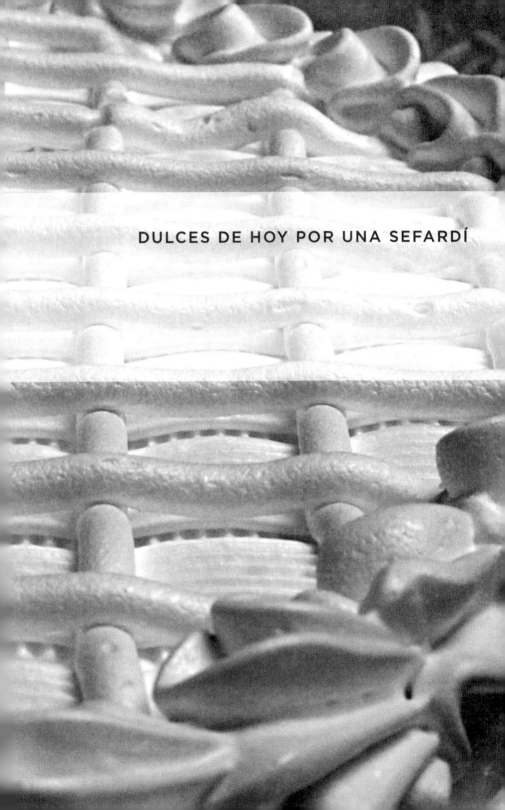

DULCES DE HOY POR UNA SEFARDÍ

Bâtons salés

Receta de Mimi Benarroch de Levy

Ingredientes:

- 250 g de mantequilla
- 200 g de queso emmental rallado
- 1 cucharada de levadura en polvo
- 2 yemas
- $\frac{1}{2}$ cucharadita de sal
- una pizca de pimienta
- 350 g de harina

Elaboración:

1. Mezclar la mantequilla a punto de pomada con 150 g de queso, las yemas, la levadura en polvo, la sal, la pimienta y la harina poco a poco. Reservar 50 g de queso para espolvorear al final.
2. Formar un cordón de masa fina, doblarlo y retorcerlo hasta darle forma de trencita o, simplemente, recortar la masa con un cortapastas.
3. Untar con yema la parte superior de las trencitas y poner por encima el queso rallado. Hornear a 180 °C durante 15 minutos.

Bavarois de piña

Receta de Chelly Bengio de Bengio

Ingredientes:
- 1 lata pequeña de piña en almíbar
- 250 g de azúcar para las yemas
- 250 g de azúcar para las claras
- 2 vasos de agua llenos (600 cl)
- 150 g de almendras
- 8 huevos
- 2 cucharadas de gelatina neutra en polvo

Elaboración:
1. Trocear las rodajas de piña. Disolver la gelatina con el zumo de piña que hemos reservado de la lata.
2. Triturar las almendras con dos vasos de agua.
3. Batir las yemas con 250 g de azúcar hasta que blanqueen y añadir el zumo de piña, el batido de almendras y la piña finamente troceada. Cocer esta crema al fuego y retirar al primer hervor.
4. Montar las claras a punto de nieve con el resto del azúcar e incorporarlas al preparado.
5. Volcar en un molde y mantener en el frigorífico 24 horas.
6. Desmoldar y servir frío.

Biscuit helado de frutos secos

Receta de Monique Hatchwell

Ingredientes:

- 6 yemas
- 2 claras
- 150 g de azúcar
- $\frac{1}{2}$ l de nata montada
- $\frac{1}{2}$ kg de higos secos
- $\frac{1}{4}$ kg de nueces
- $\frac{1}{4}$ kg de dátiles
- 2 cucharadas de ron
- **salsa de chocolate:**
  $\frac{1}{2}$ l de nata
  200 g de chocolate negro
  2 cucharadas de zumo de naranja

Elaboración:

1. Batir las yemas con el azúcar hasta que blanqueen.
2. Montar las claras a punto de nieve.
3. Añadir delicadamente a las yemas la nata montada, las claras batidas a punto de nieve y el ron.
4. Remover despacio, incorporando los frutos secos que previamente habremos cortado en trozos pequeños.
5. En un molde de alargado, engrasado con aceite, verter

toda la mezcla y congelar unas horas. Desmoldar y servir con salsa de chocolate caliente.

6. **Salsa de chocolate:**
Hervir la nata y, fuera del fuego, añadir el chocolate negro y el zumo de naranja. Ligarlo bien con una cuchara de madera.

Bizcocho de limón de Isabel Maestre

Ingredientes:
- 200 g de mantequilla
- 200 g de harina
- 200 g de azúcar
- 4 huevos
- el zumo de un limón y medio
- ralladura de un limón
- 1 cucharita de levadura en polvo

Elaboración:
1. Batir las yemas y el azúcar hasta obtener una crema blanca.
2. Añadir el zumo y la ralladura de limón, la mantequilla derretida pero templada y la harina bien mezclada con la levadura.
3. Montar las claras a punto de nieve y mezclar con cuidado con la preparación anterior.
4. Preparar un molde de 22 cm de la forma siguiente: enfriar el molde en la nevera, pintarlo con mantequilla, tapizar el fondo con papel y volver a introducirlo en la nevera. Al cabo de unos minutos, se vuelve a pintar todo de mantequilla.

5. Verter el batido y cocer a horno precalentado a 180 °C durante 45 minutos. Cerciorarse metiendo una aguja y dejarlo hasta que salga limpia. Dejar enfriar antes de desmoldar.

Bizcocho de naranja

Receta de Ruth Ben-Amí

Ingredientes:
- 5 huevos
- 200 g de azúcar
- 50 g de azúcar para las claras
- 50 ml de aceite
- el zumo de 2 naranjas
- ralladura de una naranja
- 1 sobre de levadura en polvo
- 275 g de harina
- una pizca de sal fina

Elaboración:
1. Batir a mano las yemas con el azúcar hasta que blanqueen.
   Agregar el aceite poco a poco y la ralladura de naranja.
2. Mezclar la harina con la levadura y la pizca de sal. Incorporar la harina alternando con el zumo de naranja.
3. Batir las claras a punto de nieve con los 50 g de azúcar e incorporarlas a mano muy suavemente a la mezcla anterior.
4. Volcar el preparado en un molde, o en dos aros del

mismo tamaño, en caso de querer hacer dos capas iguales de bizcocho.

5. Hornear a 180 °C hasta que se dore.

Pinchar con la punta de un cuchillo para comprobar que esté seco en el interior (deberá salir limpia).

Bizcocho de naranja y chocolate

Receta de Esther Mellul

Ingredientes:
- 5 huevos
- 1 vaso de azúcar glas
- 1 vaso de aceite
- ralladura de una naranja
- el zumo de una naranja
- 1 ½ vaso de harina
- 1 cucharita de levadura en polvo
- 100 g de chocolate derretido en un poco de leche

Elaboración:
1. Batir las yemas con el azúcar.
2. Añadir por este orden el aceite, la ralladura y el zumo de naranja, el chocolate derretido, la harina y la levadura previamente tamizados.
3. Montar las claras a punto de nieve e incorporarlas delicadamente.
4. Untar un molde con un poco de mantequilla y espolvorear con un poco de harina.
5. Verter la masa en el molde y hornear a 180 °C hasta que esté firme y se forme una corteza azucarada en la superficie.

Blintzes de queso

Receta de Silvina Lerner

Ingredientes:
- 3 huevos
- 3 cucharadas de aceite
- 1 taza de harina
- ½ cucharadita de sal
- 75 g de mantequilla derretida
- 1 ½ taza de leche
- **para el relleno:**
  1 yema
  2 cucharadas de azúcar
  250 g de queso crema tipo Philadelphia
  500 g de queso tipo Cottage Cheese (requesón de leche)
  una cucharadita de extracto de vainilla

Elaboración:
1. Mezclar los huevos, el aceite, la harina, la sal, la mantequilla y la leche, y dejar reposar 30 minutos.
2. En una sartén antiadherente de unos 15 cm de diámetro con un poco de mantequilla se van vertiendo unas cucharadas de esta mezcla, como para que una capa fina de masa cubra el fondo. Hay que darles la vuelta.
3. Los crèpes se van poniendo en un plato, uno por

encima del otro. Hay que taparlos siempre para que se mantengan tiernos.

4. Para hacer el relleno, batir la yema con el azúcar y añadir los quesos y la vainilla.

5. Colocar una cucharada de esta crema de queso en el borde de cada crèpe, luego enrollar un poco y doblar los lados hacia dentro. Terminar de enrollarlos y disponer en una fuente refractaria.

6. Poner unos trocitos de mantequilla por encima, espolvorear con tres cucharadas de azúcar y hornear durante 15 minutos a 180 °C. Se puede acompañar de un coulis de frambuesa (véase receta p. 209).

Brioche

Ingredientes:
- 90 g de azúcar
- 1 kg de harina
- 20 g de glucosa líquida
- 250 g de leche tibia
- 50 g de levadura prensada
- 4 cucharadas de agua tibia
- 1 cucharada de azúcar
- 400 g de mantequilla
- 200 g de huevos enteros
- 8 yemas
- 1 cucharadita de sal fina
- 1 yema para dorar

Elaboración:
1. Desleír la levadura con las cuatro cucharadas de agua tibia y una cucharada de azúcar.
2. En el bol de la batidora, con el gancho de amasar, mezclar la leche, el azúcar, la glucosa y la levadura disuelta. Agregar la harina, la sal, los huevos y las yemas una a una.
3. Una vez que se va ligando la masa, echar poco a poco la mantequilla hasta obtener una masa brillante, lisa y elástica. Dejar reposar la masa una hora, hasta que su volumen se haya triplicado.

4. Al cabo de este tiempo romper la masa (desinflarla) y volver a dejar la masa en reposo tapada durante tres horas. Volver a romper la masa y dejarla fermentar de nuevo en el frigorífico toda la noche.
5. Al día siguiente formar unas bolas de más o menos 45 g cada una.
6. Ponerlas en moldes Flexipan y untarlas con yema de huevo. Dejarlas reposar hasta que doblen de volumen.
7. Hornearlas a 180 °C hasta que se hinchen y se doren.

Buñuelos

Ingredientes:
- 50 g de mantequilla vegetal
- 150 g de harina
- 4 huevos
- 1 cucharadita de sal fina
- 2 cucharadas de azúcar
- 250 ml de agua
- azúcar glas

Elaboración:
1. En una cazo mediano poner a hervir el agua con la sal, el azúcar y la mantequilla. Cuando rompa el hervor, separar del fuego y echar toda la harina de golpe.
2. Remover vigorosamente y volver a poner al fuego hasta que la masa se despegue.
3. Echar un huevo entero. Remover. El aspecto de la masa puede parece cortado, pero se va ligando a medida que se va removiendo.
4. Agregar el segundo huevo, remover vigorosamente, y añadir el tercer huevo. Sólo si la masa estuviera muy dura, agregar el cuarto huevo.
5. Calentar el aceite, formar los buñuelos e ir friéndolos poco a poco con la ayuda de dos cucharas. El aceite debe estar caliente pero no humeante.
6. Ponerlos en papel absorbente. Envolverlos en azúcar glas y servirlos de inmediato.

Cake de café y chocolate

Receta de Esther Mellul

Ingredientes:
- 100 g de mantequilla
- 250 g de azúcar
- 4 yemas
- 4 claras
- 50 g de almendras molidas con piel
- 1 taza de chocolate rallado
- 150 g de harina
- 2 cucharaditas de levadura en polvo
- 1 taza pequeña de café fuerte

Elaboración:
1. Batir la mantequilla con el azúcar hasta que blanqueen. Agregar las yemas una a una, las almendras molidas y el chocolate rallado derretido en la taza de café.
2. Añadir la harina con la levadura en polvo previamente cernida.
3. Montar las claras a punto de nieve e incorporarlas a la masa.
4. Engrasar un molde y poner en la base un papel vegetal. Verter el preparado y hornear a 180 °C. Desmoldar una vez frío.

Cake de chocolate

Receta de Margaret Bensadón

Ingredientes:
- 300 g de chocolate negro
- 400 g de margarina o mantequilla
- 6 huevos
- 250 g de azúcar
- 300 g de harina
- 2 cucharadas de levadura en polvo
- 150 ml de leche

Elaboración:
1. Batir las yemas y el azúcar.
2. Derretir el chocolate con la leche y la margarina.
3. Una vez que esté tibio, añadir a las yemas. Agregar la harina y la levadura.
4. Montar las claras a punto de nieve con dos o tres cucharadas de azúcar e incorporarlas a la mezcla.
5. Cubrir un molde con papel encerado, volcar el preparado y hornear a 180 °C hasta que esté firme. Verificar la cocción con una aguja.

Cake de frutas

Receta de José Gómez, jefe de pastelería del Hotel Villa Magna

Ingredientes:

- 250 g de mantequilla
- 120 g de azúcar moreno
- 120 g de azúcar
- 5 huevos enteros a temperatura ambiente
- 250 g de fruta escarchada en dados
- 250 g de pasas de Corinto
- 280 g de harina
- 12 g de levadura en polvo

Elaboración:

1. Batir la mantequilla con los dos tipos de azúcar hasta que blanqueen y cojan mucho aire. Incorporar los huevos uno a uno, la fruta y las pasas. Por último, añadir a la masa anterior la harina y la levadura en polvo.

2. Cubrir un molde bajo con papel encerado y volcar el preparado. Espolvorear con azúcar la superficie del plum cake y hornear a 150 °C más o menos durante una hora.

Chantilly

Ingredientes:
- 400 g de nata líquida
- 4 cucharadas de azúcar glas
- 2 cucharaditas de agua fría
- extracto de vainilla o agua de azahar o agua de rosas

Elaboración:
1. El vaso de la batidora y la nata tienen que estar bien fríos antes de proceder a montar la nata. Batirla hasta que esté espumosa.
2. Añadir el azúcar glas, el agua fría y el extracto de vainilla (u otro aroma), y seguir batiendo.
3. La crema de chantilly tiene que tener una consistencia no muy firme, si se sigue batiendo mucho, se convertiría en mantequilla.

Charlotte de almendras

Receta de Tuny Cohen

Ingredientes:
- 250 g de bizcochos de soletilla
- 250 g de mantequilla
- 250 g de almendras finamente molidas
- 250 g de azúcar
- 10 cucharadas de crema inglesa (véase receta p. 213)
- kirsch o licor de cerezas
- chantilly para decorar

Elaboración:
1. Diluir tres cucharadas de kirsch con agua y azúcar. Mojar los bizcochos en este preparado y tapizar un molde para charlotte poniendo la parte azucarada de los bizcochos pegada al molde.
2. Trabajar muy bien la mantequilla con el azúcar hasta obtener una consistencia cremosa. Añadir las almendras finamente molidas, dos cucharaditas de kirsch, y las 10 cucharadas de crema inglesa.
3. Volcar toda la mezcla sobre los bizcochos. Cubrir el molde con papel adherente y mantener en frigorífico.
4. Al día siguiente desmoldar la charlotte, decorarla con chantilly y servirla con el resto de crema inglesa.

Charlotte de chocolate

Ingredientes:
- bizcochos de soletilla
- mousse de chocolate de 8 huevos
  (véase receta p. 241)
- 250 cl de agua
- 1 cucharada de café soluble
- 3 cucharadas de azúcar
- 3 cucharadas de whisky
- chantilly para decorar

Elaboración:
1. Untar un molde con mantequilla.
2. Preparar un jarabe con el agua, el café, el azúcar y el whisky.
3. Mojar los bizcochos en el jarabe y colocarlos con la parte azucarada pegada al molde. Dejar el fondo sin bizcochos.
4. Hacer la mousse de chocolate siguiendo la receta y volcarla. Terminar poniendo bizcochos de soletilla mojados en el jarabe.
5. Cubrir el molde con papel film y mantener 24 horas en el frigorífico. Si tienen dificultad en desmoldarlo, poner el molde al congelador unos minutos. Una vez desmoldado, recubrir la parte superior con chantilly. Se puede servir con salsa de chocolate o salsa inglesa al gusto.

Cinnamons Simy

Receta de Simy Cohen

Ingredientes:

- 5 huevos
- 300 g de azúcar
- 300 g de harina
- 250 g de mantequilla o margarina
- ½ taza de leche
- 2 cucharaditas de levadura en polvo
- unas gotas de extracto de vainilla
- canela en polvo y azúcar para decorar
- **almíbar suave:**
  300 g de azúcar
  150 g de agua
  unas gotas de limón

Elaboración:

1. Batir la mantequilla con el azúcar. Agregar las yemas una a una y la vainilla. Seguir batiendo lentamente y añadir la harina mezclada con la levadura en polvo e ir alternando con la leche.
2. Montar las claras a punto de nieve y agregarlas a la mezcla.
3. Untar unos moldecitos de muffins de unos 5 cm de diámetros con mantequilla y harina. Esta operación no es necesaria si se utilizan moldes de silicona. Con

la ayuda de una cuchara, se procura echar en cada molde la misma cantidad de masa, pero que no supere la mitad del molde.

4. Hornear a 150 °C hasta que estén dorados.
5. Dejar enfriar y desmoldar. Colocar en una bandeja. Es importante no taparlos para no dañar la superficie.
6. Preparar un almíbar suave con el azúcar, el limón y el agua. Cuando rompa el hervor, dejar unos minutos más y retirar del fuego. Dejar enfriar.
7. Una vez tibio el almíbar, introducir uno a uno los cinnamons y sacar en seguida, poniéndolos a escurrir para que no queden demasiado mojados. Colocarlos en una bandeja. Mezclar tres cucharadas de azúcar con una de canela y espolvorear con esta mezcla la superficie de los cinnamons.

Coulis de frambuesa

Ingredientes:
- 370 g de mermelada de frambuesa
- 200 g de frambuesas naturales
- ¼ de taza de agua (50 cl)
- el zumo de medio limón

Elaboración:
1. Cocer en un cazo la mermelada, el agua, las frambuesas y el zumo de medio limón.
2. Remover para que se ligue bien la mermelada con las frambuesas. Hervir unos minutos y dejar reducir.
3. Pasar por el pasapurés y luego por el chino o el colador para eliminar las pepitas de las frambuesas. No pasar el coulis por la licuadora, ya que cambiaría de color y el resultado no sería el mismo.

Crema de almendras

Ingredientes:
- 250 g de mantequilla
- 125 g de azúcar glas
- 4 huevos
- 25 g de harina
- 15 g de ron
- 150 g de almendra en polvo

Elaboración:
1. Batir la mantequilla con el azúcar glas. Agregar el polvo de almendra y seguir batiendo. Añadir los huevos uno a uno.
2. Al final echar la cucharada de harina a mano y el ron. El ron es preferible echarlo un poco tibio para que no se corte la crema. Ponerlo en un bol tapado con papel film.
3. Conservar toda una noche en el frigorífico antes de utilizarla. Esta crema sirve para rellenar tartaletas y hornearlas.

Crema de limón I

Ingredientes:
- ralladura de un limón
- el zumo de 2 limones
- 75 g de mantequilla
- 120 g de azúcar
- 2 yemas
- 2 huevos enteros
- 1 cucharada de maicena

Elaboración:
1. En un cuenco, mezclar con las varillas las yemas con los huevos, la mitad del azúcar y la maicena previamente diluida en un poco de agua.
2. Calentar en un cazo el zumo de limón con la ralladura, la otra mitad del azúcar y la mantequilla. Volcar en la mezcla anterior.
3. Poner a fuego lento hasta que se espese. Esta crema sirve para relleno de tartas o tartaletas.

Crema de limón II

Ingredientes:
- 50 g de maicena
- 200 g de azúcar
- 3 yemas
- el zumo de 2 limones
- ralladura de un limón
- 1 vaso de agua fría
- 1 vaso de agua hirviendo

Elaboración:
1. Poner en un cazo al fuego el vaso de agua fría, el azúcar, la maicena, las yemas, el zumo y la ralladura de limón. Revolver bien y agregar el vaso de agua hirviendo.
2. Calentar a fuego suave, removiendo con una cuchara de madera, hasta que espese y empiece a hacer burbujas. Esta crema sirve tanto para rellenar tartaletas como para bizcochos.

* * *

Se puede hacer esta misma crema pero aromatizada con naranja. Simplemente, utilizar la ralladura y el zumo de naranja.

Crema inglesa

Ingredientes:

- 4 huevos
- 5 yemas
- 1 l de leche
- vainilla
- 9 cucharadas de azúcar
- 30 g de maicena (optativo)

Elaboración:

1. Hervir la leche mezclada con la vainilla.
2. Batir los huevos con las cinco yemas y las nueve cucharadas de azúcar. Agregar la leche caliente y la maicena diluida en dos cucharadas de agua.
3. Pasar la crema líquida por un colador fino.
4. Poner a fuego lento hasta que espese. Mover la crema en forma de 8 con una cuchara de madera y no dejar hervir la crema en ningún caso.

Crema pastelera

Ingredientes:
- ½ l de leche
- 120 g de azúcar
- 5 yemas
- 1 huevo entero
- extracto de vainilla
- 40 g de maicena
- ½ vasito de agua fría

Elaboración:
1. Hervir la leche con la mitad del azúcar y unas gotas de vainilla.
2. Batir en un cuenco con unas varillas las yemas y el huevo con el resto del azúcar. Agregar la maicena diluida en medio vasito de agua fría.
3. Verter la leche caliente sobre la mezcla de los huevos sin dejar de remover.
4. Volcar de nuevo en un cazo y dejar que se espese a fuego lento sin dejar de remover. La crema tiene que estar bien ligada como para cubrir el reverso de una cuchara de madera.

Crème Bombée de tita Rachel

Ingredientes:
- ¹/₂ l de leche
- 125 g de azúcar
- 50 g de harina
- 4 huevos
- una copita de coñac (25 cl)
- 150 g de azúcar para el caramelo
- una cáscara de limón
- un palito de canela en rama

Elaboración:
1. Hervir la leche en un cazo con una cáscara de limón y un palito de canela en rama.
2. Mezclar el azúcar con la harina y las yemas. Batir bien.
3. Agregar la leche hirviendo, removiendo lentamente y volver a volcar en el cazo.
   Poner en fuego lento, sin cesar de remover hasta que se espese.
4. Retirar del fuego y dejar enfriar. Echar el coñac una vez esté fría la crema.
5. Montar las claras a punto de nieve e incorporarlas a la crema delicadamente.
6. Hacer un caramelo claro con 150 g de azúcar y verter la mitad en la crema removiendo un poco.

7. Poner la crema en el cuenco escogido para servirla. Calentar de nuevo el resto del caramelo y con una cuchara adornar la crema de gotas de caramelo. También se puede espolvorear de almendras tostadas y majadas.

Croquetas de castaña

Ingredientes:
- 1 tarro de 375 g de castañas en almíbar flojo
- 1 tarro de 375 g de marron glacés
- 30 g de mantequilla
- 3 yemas de huevo
- extracto de vainilla
- harina, pan rallado y un huevo para el rebozado
- aceite de oliva
- crema inglesa o chantilly para acompañar

Elaboración:
1. Retirar las castañas del almíbar y reducirlas a puré. Incorporar las yemas una a una y las gotas de vainilla. Por útlimo, añadir la mantequilla blanda.
2. Formar con el puré unas bolas, rellenarlas con trocitos de marron glacés y pasarlas por harina, por huevo batido y finalmente por pan rallado.
3. Freír en aceite de oliva y colocar sobre papel absorbente. Estas croquetas se sirven calientes acompañadas de crema inglesa y chantilly (véanse recetas p. 213 y p. 204, respectivamente).

Delicia de almendra

Receta de Simy Nahmiash Mamán

Ingredientes:
- 80 g de mantequilla
- 125 g de azúcar
- 3 huevos
- una pizca de sal
- 2 cucharadas de zumo de limón
- 100 g de almendras molidas
- 200 g de harina
- 1 cucharadita de levadura en polvo
- mermelada de melocotón
- **glaseado:**
  100 g de chocolate
  3 cucharadas de agua
  30 g de mantequilla
  licor (optativo)
  50 g de azúcar glas
  50 g de almendras peladas y molidas para decorar

Elaboración:
1. Batir muy bien la mantequilla y el azúcar. Añadir las tres yemas, la sal, las almendras y el zumo de limón.
2. Batir las claras a punto de nieve.
3. Agregar la harina con la levadura y las claras, primero dos cucharadas y luego el resto.

4. Engrasar un molde y verter en él el preparado. Hornear a 180 °C y desmoldar en frío. Partir el cake horizontalmente y rellenar con la mermelada de melocotón.
5. Para hacer el glaseado, fundir el chocolate con las tres cucharadas de agua a fuego lento. Agregar suavemente la mantequilla, el licor y el azúcar.
6. Extenderlo por encima del cake con la ayuda de un cuchillo y decorar con las almendras molidas tanto la superficie como los bordes.

Dulce de claras

Receta de Chelly Nahmiash de Benarroch

Ingredientes:
- **merengue:**
  10 claras de huevo
  250 g de azúcar para las claras
  250 g de azúcar para el caramelo
  aceite de oliva
  azúcar
  crema pastelera (véase receta p. 214) o *parve*

Elaboración:
1. Pintar de aceite un molde redondo antiadherente, procurando que queden los bordes bien pintados y espolvorear de azúcar.
2. Hacer caramelo en el fuego con los 250 g de azúcar.
3. Montar las claras a punto de nieve añadiendo los 250 g de azúcar restantes mientras se está batiendo. Cuando estén bien firmes, sin dejar de batir, añadir el caramelo poco a poco, casi con un hilito para que no se cuajen.
4. Volcar este merengue dentro del molde, apretando un poco con la cuchara para que no queden huecos, y hornear al baño María de 30 a 40 minutos a 100 °C. Sacar del horno y dejar enfriar.

5. Desmoldar cuidadosamente procurando que el dulce caiga en el centro del plato. Poner la crema pastelera o *parve* alrededor de la tarta. La crema *parve* la podemos hacer con 10 yemas, 10 cucharadas de azúcar y medio vasito de licor o whisky.

Flan de coco y caramelo

Receta de Corina Tuaty

Ingredientes:
- 2 latas de leche condensada de 370 g cada una
- 750 cl de leche de vaca
- 1 cucharadita de extracto de vainilla
- 1 taza de coco rallado
- 8 cucharadas de azúcar para el caramelo
- 1 cucharada de zumo de limón

Elaboración:
1. Hacer un caramelo claro con el azúcar y el zumo limón. Se puede hacer directamente en un molde de 27 cm de diámetro. Repartir el caramelo por la flanera con mucho cuidado.
2. En la bandeja del horno poner agua fría para el baño María y aprovechar para enfriar el molde.
3. Poner en la licuadora el resto de ingredientes y cuando estén bien mezclados, verter el contenido en el molde caramelizado. Espolvorear con un poco más de coco rallado.
4. Hornear a 180 °C durante 40 minutos. Verificar la cocción con la punta de un cuchillo. Apagar el horno y mantener el flan 15 minutos más.

Fondant

Receta de Isabel Maestre

Ingredientes:
- 500 g de azúcar
- 0,8 dl de agua
- 50 g de glucosa líquida
- el zumo de medio limón

Elaboración:

1. El fondant es el resultado de batir un almíbar espeso cocido a 120 °C (bola dura), mientras se enfría rápidamente, hasta que se convierte en una masa blanca y espesa.

2. Para hacer el amíbar, fundir el azúcar con el agua, agregar la glucosa y el zumo de limón. Cocer hasta 120 °C, retirar del fuego y sumergir el cazo en agua fría.

3. Tener preparada la mesa de trabajo muy limpia. Verter el almíbar en el centro y, ayudándose de dos espátulas, mover el jarabe vigorosamente recogiendo de los bordes hacia el centro, para que no se salga de la mesa.

4. El almíbar empezará nublándose, y al final se convertirá en una masa espesa y blanca. Cuando esté suficientemente frío, se trabaja con las manos mojadas en agua fría, amasando bien durante un rato.

Se puede aromatizar con alguna esencia así como teñirlo de cualquier color pálido.

* * *

Se puede evitar este trabajo adquiriéndolo ya preparado en sitios especializados para profesionales o en algunas pastelerías. Además suele ser muy económico.

Galletas de maicena

Ingredientes:
- 125 g de mantequilla
- 150 g de harina
- 150 g de azúcar glas
- 200 g de maicena
- 2 yemas
- 1 huevo entero
- 1 cucharada de levadura en polvo
- ralladura de un limón
- dulce de leche para rellenar
- azúcar glas para decorar

Elaboración:
1. Batir la mantequilla con el azúcar hasta que tome una consistencia cremosa. Agregar las yemas, el huevo y la ralladura de limón.
2. Tamizar la harina y la maicena junto con la levadura en polvo y agregar poco a poco a la crema de mantequilla. Dejar reposar esta masa 15 minutos.
3. Estirar la masa con un rodillo lo más fina posible. Cortar las galletas ayudándose de un cortapastas redondo y colocarlas en un Silpat sobre la bandeja.
4. Hornear a 150 °C durante 10 minutos. No tienen que colorear.

5. Una vez que estén frías, rellenar las galletas de dos en dos, poniendo un poco de dulce de leche entremedias. Con un colador de malla fina, espolvorear las galletas de azúcar glas.

* * *

Estas galletas también se pueden rellenar con mermelada o con ganache de chocolate (p. 227).

Ganache de chocolate

Ingredientes:
- 150 g de chocolate negro
- 100 g de nata líquida
  (si se quiere hacer una ganache *parve*, sustituir la
  nata por nata vegetal *parve*)

Elaboración:
1. Hervir la nata.
2. Retirar del fuego y agregar el chocolate.
3. Mover con cuchara de madera suavemente y sin
   parar hasta que esté totalmente disuelto el chocolate
   y esté bien brillante.

* * *

*En caso de hacer parve, el procedimiento es distinto:
derretir el chocolate al microondas y agregarle la nata
vegetal a temperatura ambiente poco a poco, moviéndola
con una cuchara hasta obtener una crema lisa y brillante.
Tanto una como la otra sirven para cubrir tartas.*

Gâteau russe de mamá

Receta de Mercedes Benarroch

Ingredientes:
- **crema de chocolate:**
  250 g de chocolate
  3 cucharadas de mantequilla
  50 g de almendras tostadas y majadas
  1 cucharada de whisky
- **merengue:**
  8 claras
  8 cucharadas colmadas de azúcar glas
  8 cucharadas de almíbar muy en punto
  (hecho con 350 g de azúcar y 170 de agua)
- **merengue de café:**
  200 g de clara de huevo
  350 g de azúcar
  1 cucharadita de café soluble

Elaboración:
1. **Crema de chocolate:**
   Derretir el chocolate con las tres cucharadas de mantequilla (o 100 ml de nata *parve*).
   Añadir las yemas una a una con la cucharada de whisky.
   Agregar las almendras tostadas y molidas.

2. **Discos de merengue blando:**
   Hacer un almíbar fuerte con los 350 g de azúcar y los
   170 g de agua.
   Batir las claras a punto de nieve muy firmes,
   incorporando poco a poco el azúcar. Cuando estén
   muy batidas, echar ocho cucharadas del almíbar
   caliente y seguir batiendo un poco más.
   Repartir el merengue en dos discos sobre papel
   vegetal y hornear durante 5 minutos a 170 °C.
   Despegar el primer disco de merengue ya frío y
   disponerlo en el plato de servir. Cubrir de crema de
   chocolate. Poner el segundo disco de merengue por
   encima y cubrir con el resto de crema de chocolate.

3. **Merengue de café:**
   Calentar 200 g de clara con 350 g de azúcar y añadir
   una cucharadita de café soluble. Cuando esté a punto
   de nieve y muy bien batido, decorar el borde exterior
   de la tarta.

Helado de merengue con salsa de fresa

Receta de Kelly Corcias

Ingredientes:

- 500 g de nata montada
- 350 g de merengue seco
- 200 g de fresones
- el zumo de un limón
- 1 cucharada de maicena
- 3 cucharadas de azúcar
- fresones para decorar

Elaboración:

1. Desmenuzar los merengues e incorporarlos a la nata montada. Poner la mezcla en un molde y mantener en el congelador.
2. Triturar los fresones y añadir el azúcar, el zumo de limón y la maicena.
3. Poner al fuego a cocer 5 minutos y dejar enfriar.
4. En el momento de servir desmoldar el helado, adornar con fresones y servir acompañado con esta salsa.

Hilos de caramelo

Ingredientes:
- 300 g de fondant (véase receta p. 223)
- 200 g de glucosa líquida

Elaboración:
1. En un cazo de fondo grueso calentar el fondant y la glucosa hasta que este jarabe obtenga un color dorado.
2. Parar entonces la cocción, introduciendo el cazo, con cuidado, en un recipiente con agua fría y dejarlo reposar 5 minutos. Con una cuchara, formar dibujos en una superficie antiadherente o con la ayuda de dos tenedores formar hilos.
3. Ir calentando a fuego muy lento cuando se enfríe.
4. Si a un batidor de mano se le cortan las puntas, se obtiene un batidor con muchas púas y se consiguen los hilos más fácilmente.

Maccarons

Ingredientes:
- 200 g de claras
- 170 g de azúcar
- una pizca de sal fina
- 400 g de almendras en polvo
- 35 g de cacao negro en polvo
- 300 g de azúcar glas
- 3 claras
- **relleno de ganache:**
  300 g de chocolate negro
  200 g de nata o nata *parve*

Elaboración:
1. Calentar al baño María las claras junto con el azúcar, removiendo un poco. Una vez caliente (comprobar con el dedo), volcar las claras en el vaso de la batidora eléctrica.
2. Batirlas a velocidad media hasta que estén a punto de nieve y el merengue esté bien duro. Añadir al merengue tres claras sin batir, con la ayuda de unas varillas, y hacer movimientos suaves de arriba abajo para incorporar las claras al merengue.
3. Mezclar las almendras en polvo, el cacao y el azúcar glas. Incorporar esta mezcla al merengue delicadamente y dejar reposar la masa 30 minutos.

4. Sobre una hoja de Silpat, usando la manga pastelera con boquilla lisa de 2 cm, formar montoncitos de masa, dejando separación suficiente entre ellos.

5. Hornear a 180 °C unos 8 minutos, subir la temperatura a 200 °C y seguir horneando 3 minutos más. Retirar del horno y rellenarlos de dos en dos, poniendo un poco de ganache de chocolate entremedias.

6. Es muy importante guardarlos en una caja hermética intercalando entre capa y capa de macarrons una hoja de papel encerado. Si se congelan, obtendrá además un resultado mejor y más jugoso.

Manzanas con ciruelas y crema

Ingredientes:
- 4 manzanas del tipo Royal Gala
- 16 ciruelas de California con hueso
- 8 cucharadas de azúcar

Elaboración:
1. Poner en una cacerola las manzanas partidas por la mitad sin las semillas. Es muy importante que el agua no cubra las manzanas. Agregar una cucharada de azúcar encima de cada media manzana.
2. Introducir a su vez dos ciruelas sin hueso por cada manzana dentro del agua. Tapar la cacerola y dejar hervir.
3. Cuando las manzanas empiecen a resquebrajarse, retirar la tapadera y dejar a fuego lento hasta que se espese el jarabe.
4. Disponer en una fuente poniendo encima de cada media manzana una ciruela y una cucharada del jarabe.

* * *

Véase fotografía.

Marquesa de chocolate

Receta de Verónica O'Hayon

Ingredientes:
- 200 g de galletas María
- 200 g de chocolate negro
- 200 g de mantequilla sin sal
- 200 g de azúcar
- 4 huevos
- ½ tacita de whisky

Elaboración:
1. Partir las galletas en trozos pequeños con la mano.
2. Batir la mantequilla junto con el azúcar. Agregar las yemas una a una y mezclar enérgicamente después de añadir cada yema.
3. Derretir el chocolate con un poco de agua. Añadir a la mezcla el chocolate, el whisky y las galletas.
4. Batir las claras a punto de nieve e incorporarlas con movimientos envolventes al preparado anterior.
5. Verter en un molde y congelar. Servir frío.

Masa quebrada

Ingredientes:
- 250 g de harina
- 50 g de almendra en polvo
- 150 g de mantequilla
- 2 cucharadas de azúcar glas
- 1 yema
- 1 cucharada de agua helada
- una pizca de sal

Elaboración:
1. En el vaso de la batidora, a velocidad 1, mezclar la harina, la almendra, el azúcar, la sal y la mantequilla hasta que la masa esté arenosa.
2. Agregar la yema y el agua fría. Dejar reposar la masa media hora.
3. Extender la masa sobre la base de un molde, presionando desde el centro hacia los bordes y pinchar la base con un tenedor.
4. Hornear a 180 °C hasta que se dore un poco.

Merengue decoración

Receta de Licita Benatar

Ingredientes:
- por cada clara de 40 g
- utilizar 70 g de azúcar
(por ejemplo: 8 claras, 560 g de azúcar)

Elaboración:
1. Calentar en un cazo al baño María las claras junto con el azúcar. Mover con una cuchara de madera para que el azúcar esté bien unido a las claras.
2. Cuando estén calientes (se comprueba metiendo el dedo con cuidado de no quemarse), volcarlas en el vaso de la batidora eléctrica y batir durante 10 minutos hasta que estén firmes.
3. El merengue debe quedar duro y brillante. Utilizarlo para decorar. Aguanta muy bien, no se cae, y admite congelación.

Merengues

Receta de Margaret Bensadón de Chocrón

Ingredientes:
- 1 vaso de claras
- 2 vasos de azúcar

Elaboración:
1. Calentar en un cazo las claras junto con el azúcar. Una vez calientes, montarlas a punto de nieve en la batidora eléctrica.
2. Cuando el merengue esté muy firme, formar unos merenguitos disponiéndolos en la placa del horno recubierta con papel silicona o vegetal.
3. Hornear los primeros 10 minutos a 170 °C. En cuanto estén un poco cuajados, bajar la temperatura a 60 °C y seguir horneando durante otros 10 minutos.
4. Una vez fríos, meterlos en el congelador. Estos merengues están secos por fuera y blandos en el interior.

Minicakes de manzana

Receta de Mele Bensadón de Guenun

Ingredientes:
- 5 huevos
- 300 g de azúcar
- 80 g de aceite
- ³/₄ vaso de leche
- ½ cucharadita de vainilla
- 500 g de harina
- 1 sobre de levadura en polvo
- ½ kg de manzanas
- media cucharadita de canela en polvo
- una cucharada de mantequilla
- una cucharada de azúcar

Elaboración:
1. Pelar y cortar en cuadraditos las manzanas y saltearlas con una cucharada de mantequilla, una cucharada de azúcar y media cucharadita de canela.
2. Batir los huevos con el azúcar hasta que blanqueen y estén bien aireados. Agregar el aceite poco a poco, la leche, la vainilla, la harina con la levadura en polvo y finalmente las manzanas salteadas y escurridas.
3. Mezclar todo y poner en moldes individuales. Hornear a 180 °C entre 20 y 30 minutos.

Minipastelitos de chocolate

Ingredientes:
- 50 g de avellanas tostadas y molidas
- 50 g de almendras finamente molidas
- 150 g de azúcar glas
- 30 g de cacao negro en polvo
- 30 g de harina
- 3 claras de huevo
- 100 g de mantequilla

Elaboración:
1. Mezclar las almendras molidas, las avellanas molidas, el azúcar glas, el cacao, la harina, y las tres claras sin montar.
2. Calentar en un cazo la mantequilla hasta que adquiera un color dorado. Volcar la mantequilla caliente sobre la preparación anterior y remover con cuidado hasta que la mantequilla esté completamente absorbida.
3. Distribuir la masa de chocolate en un molde para pasteles con varios huecos pequeños ovalados. Hornear a 180 °C durante 9 minutos.
4. Esta masa se pega mucho a los moldes. Es recomendable usar moldes de silicona o bien, cuando salgan del horno, meter los moldes 2 minutos en el congelador. Así se desmoldan muy fácilmente.

Mousse de chocolate con aceite de oliva

Ingredientes:
- 8 huevos
- 80 g de aceite de oliva de 0,4° de acidez
- 100 g de azúcar
- 300 g de chocolate negro (65% de cacao)
- 50 g de azúcar para las claras
- 2 cucharadas de whisky (optativo)

Elaboración:
1. Batir en la batidora las yemas de huevo con el azúcar hasta que estén blanquecinas. Incorporar el aceite poco a poco.
2. Derretir el chocolate al baño María o al microondas y agregarlo tibio a las yemas.
3. Montar las claras a punto de nieve con 50 g de azúcar e incorporarlas a la mezcla de chocolate, a mano, con unas varillas.
4. Poner en un recipiente de cristal. Tapar con papel film, antiadherente y meter en frigorífico por lo menos 24 horas antes de servir. Se recomienda volcar la mousse recién hecha en el recipiente donde se quiera servir.

Nougatine Thierry

Ingredientes:
- 300 g de fondant
- 200 g de glucosa líquida
- 250 almendras enteras
- 300 g de azúcar glas para la decoración
- ½ clara de huevo
- unas gotas de limón

Elaboración:
1. En un recipiente de doble fondo, cocer el fondant y la glucosa. Cuando se consiga un color rubio claro, agregar las almendras removiéndolas con una cuchara de madera hasta obtener un color caramelo, que no debe llegar a un tono muy oscuro.
2. Volcar este contenido sobre un Silpat para que la masa no se pegue. Cubrir la nougatine con otra hoja de Silpat y estirarla con el rodillo.
3. Antes de que se enfríe, recortar las formas deseadas (cintas anchas para lazos, letras, hojas...).
4. Hacer un glaseado real mezclando bien media clara de huevo y 300 g de azúcar glas. Agregar unas gotas de limón para dar brillo.
5. Una vez hechas las figuras, contornear los modelos con puntitos diminutos del glaseado. Dejar que la nougatine se enfríe antes de proceder a la decoración.

Palitos de Clarita

Receta de Clarita Benaim

Ingredientes:
- 4 huevos
- 220 g de azúcar
- 180 g de harina más o menos
- una pizca de sal
- 2 cucharadas de matalahúga (anís)
- 1 cucharadita de levadura en polvo

Elaboración:
1. Montar las claras a punto de nieve con el azúcar.
2. Agregar las yemas una a una y la harina junto con la pizca de sal y el anís.
3. Con una manga pastelera sin boquilla poner en una bandeja del horno una tira de arriba abajo siguiendo con otra de abajo para arriba (en paralelo), y volviendo a bajar pero esta vez en el centro. Hornear a 180 °C.
4. Sacar del horno y cortar en trozos, en palitos, y darles la vuelta y dejar secar en el horno a 70 u 80 °C durante una hora.

Pastel de chocolate de María Pérez Coca

Ingredientes:
- 125 g de chocolate
- 3 huevos
- 60 g de mantequilla
- 150 g de azúcar
- 2 cucharadas de harina

Elaboración:
1. Derretir el chocolate con un poco de agua. Añadir la mantequilla, el azúcar, las yemas y la harina.
2. Montar las claras a punto de nieve e incorporarlas delicadamente a la crema.
3. Volcar el preparado en un molde de más o menos 20 x 20 cm y hornear 20 minutos a 160 °C. Dejar enfriar y desmoldar

* * *

Esta tarta tiene la particularidad de tener por autora a María, una amiga de mi nieta Dana que tiene catorce años, y ha sido para mí un placer tenerla de copartícipe.

Petits miroirs

Receta de Gladys Serfaty

Ingredientes:
- 150 g de mantequilla
- 200 g de azúcar
- 1 huevo
- 2 yemas
- 300 g de maicena
- 100 g de harina
- 1 cucharada de levadura en polvo
- ralladura de un limón
- ½ copita de coñac
- vainilla
- mermelada de fresa o albaricoque
- azúcar glas para decorar

Elaboración:
1. Batir la mantequilla con el azúcar. Cuando blanquee, echar el huevo y las yemas una a una.
   A continuación, la ralladura de limón, el coñac y la vainilla (líquida o en polvo). Bajar la velocidad de la batidora al mínimo y añadir la maicena, harina y levadura tamizadas. La masa debe quedar muy suave.
2. Estirar con un rodillo esta masa, que debe quedar fina, y cortar con molde redondo. La mitad de estas galletas deben tener un agujero redondo central que

se puede hacer con un dedal. Colocar sobre Silpat o papel encerado y hornear a temperatura suave, 160 °C, hasta que la masa esté cocida (las galletas no deben quedar tostadas).

3. Cuando estén frías, poner sobre las galletas redondas un poco de mermelada de fresa o albaricoque, al gusto. Espolvorear con azúcar glas las galletas que tienen el agujero central y con éstas tapar las que tienen la mermelada (así la confitura sobresale por el agujero).

Piña caliente rellena Pity Vargas

Ingredientes:
- 1 piña
- 3 huevos
- 8 cucharadas de azúcar
- una pizca de sal
- 3 plátanos
- 1 cucharadita de maicena
- **merengue para cubrir:**
  4 claras
  4 cucharadas de azúcar
  unas gotas de limón

Elaboración:
1. Partir la piña a lo largo y ahuecarla sin desperdiciar el zumo. Trocear la piña, y poner a escurrir. Reservar el zumo.
2. Batir las yemas con cuatro cucharadas de azúcar y agregar una cucharadita de maicena diluida en el zumo de la piña.
3. Poner al fuego removiendo con cuchara de madera durante más o menos 4 minutos. Entonces agregar la piña y los plátanos en trocitos y rectificar el dulzor. Ligar la mezcla en el fuego.
4. Rellenar las medias piñas y cubrir con el merengue hecho con cuatro claras, cuatro cucharadas de azúcar y unas gotas de limón. Dorar al grill.

Reine de Saba de Mamina

Receta de Simita Cohen

Ingredientes:
- 8 huevos
- 250 g de azúcar
- 250 g de mantequilla
- 250 g de chocolate
- 100 g de harina
- 1 tacita de whisky

Elaboración:
1. Poner al baño María la mantequilla y el chocolate, hasta que se derrita.
2. Batir las yemas con el azúcar hasta que se blanqueen. Ir agregando el chocolate derretido, sin parar de batir. Echar la harina cernida, poco a poco, hasta que esté bien incorporada. Agregar el whisky.
3. Montar las claras a punto de nieve y añadirlas delicadamente a la mezcla de chocolate.
4. Untar un molde con mantequilla y verter la mezcla. Hornear a 140 °C durante 35 minutos, «ni más ni menos, aunque parezca que no tiene consistencia» (frase recogida en la receta original).
5. Dejarlo enfriar, pero sin meter en el frigorífico. Desmoldar la parte del aro exterior y mantenerlo en la base del molde.

Sablés

Ingredientes:
- 300 g a 350 g de harina (según la harina)
- 200 g de mantequilla
- 100 g de azúcar glas
- 1 yema
- una pizca de sal
- para dorar, 1 huevo y azúcar

Elaboración:
1. En la batidora mezclar la harina, el azúcar, la mantequilla y la pizca de sal. Cuando esté arenosa, echar la yema en la masa. La masa tiene que estar blanda pero no pegajosa.
2. Formar unos rollos de 3 cm de diámetro, enfriarlos unos minutos en el congelador. Envolver cada rollo en huevo batido y espolvorear con mucho azúcar.
3. Cortar en rodajitas y ponerlas en una placa de horno presionando con la yema del dedo por encima de la masa. Hornear a 180 °C.

* * *

Otra forma de hacerlos es cortando primero los rollos en rodajitas, presionar con la yema del dedo y pintar con yema. También se pueden añadir unas almendras en cuadraditos y espolvorear de azúcar o bien mezclar el azúcar con ralladura de una naranja.

Succes de chocolate

Receta de Estrella Guenoun de Cohen

Ingredientes:
- **merengue de avellana:**
  12 claras
  450 g de azúcar
  375 g de avellanas tostadas molidas
  (o almendras)
  45 g de fécula de patata
  una pizca de sal fina
- **crema de chocolate:**
  200 g de mantequilla o margarina *parve*
  120 g de azúcar
  300 g de chocolate negro
  1 cucharada de café soluble
  6 cucharadas de whisky u otro licor
  6 yemas de huevo
  2 claras de huevo montadas a punto de nieve

Elaboración:
1. **Discos de merengue:**
   Montar las claras a punto de nieve con una pizca de
   sal e ir agregando el azúcar y la fécula de patata hasta
   que el merengue esté bien duro. A mano, y con la
   ayuda de una espátula, incorporar las almendras
   suavemente.

Utilizar tres moldes bajitos. Forrarlos con papel aluminio y engrasarlos con un poco de aceite. Hornear unos minutos a 130 °C , bajar la temperatura a 110 °C y dejar las placas en el horno durante 3 horas. Dejar secar las placas de merengue en el horno apagado.

2. **Crema de chocolate:**

Batir la mantequilla con el azúcar. Agregar las yemas una a una, el chocolate derretido en una tacita de café y frío, el whisky y las claras a punto de nieve. Mantener en frío hasta que se vaya a rellenar la tarta. Intercalar la crema entre los discos de merengue secos y terminar con crema de chocolate. Decorar haciendo olas con un tenedor.

Tarta de avellanas y chocolate de mamá

Ingredientes:
- **masa:**
  150 g de mantequilla
  275 g de harina
  2 cucharadas de azúcar glas
  una pizca de sal
  1 yema de huevo
  50 g de almendra en polvo
  1 cucharada de agua fría
- **relleno:**
  200 g de chocolate negro
  4 cucharadas de leche
  125 g de azúcar
  5 yemas
  250 g de avellanas tostadas y molidas
  5 claras
  azúcar glas para decorar

Elaboración:
1. **Para hacer la masa:**
   Mezclar la mantequilla, la harina, la sal y el azúcar glas. Cuando la mezcla esté arenosa se incorporan las yemas y luego la cucharada de agua.

Envolver la masa en papel film y dejar reposar 15 minutos.

Con el rodillo dar a la pasta un espesor de 4 mm y tapizar con la masa un molde de tarta con fondo móvil. Presionar contra el molde comenzando por el centro hacia los bordes. Pinchar la base con un tenedor y hornear a 180 °C hasta que se dore un poco, unos 15 minutos.

2. **Para hacer el relleno:**
Derretir el chocolate con cuatro cucharadas de leche o nata líquida y recubrir el fondo de la tarta.

Batir las yemas con el azúcar hasta que estén pálidas.

Incorporar las avellanas molidas.

Montar las claras a punto de nieve. Agregar suavemente tres cucharadas de claras batidas e incorporar el resto con movimientos suaves y envolventes. Volcar esta mezcla por encima del chocolate.

Volver a hornear de 15 a 20 minutos hasta que esté firme (presionar con los dedos para comprobarlo) y pinchar con una aguja en el centro para verificar la cocción. Una vez fría, espolvorear con azúcar glas (utilizar un colador para evitar los grumos).

Tarta de castaña

Receta de Violeta Serfaty de Nahon

Ingredientes:
- **mousse de chocolate:**
  3 yemas
  1 clara
  150 g de chocolate negro
  3 cucharadas de azúcar
- **crema de castañas:**
  1 ½ kg de castañas naturales
  vainilla
  almíbar normal (véase receta p. 30)
- una capa fina de bizcocho de chocolate (puede usarse cualquier receta)
- chocolate negro para pintar el molde y para derretir
- hojas de chocolate para decorar

Elaboración:
1. Pelar las castañas y hervirlas, vaciarlas y hacer un puré. Añadirle la vainilla y el almíbar. Reservar.
2. Hacer un bizcocho de chocolate siguiendo cualquier receta, por ejemplo la de la p. 169.
3. Para hacer una mousse de chocolate, primero batir las yemas con el azúcar, añadirle el chocolate derretido y por último la clara a punto de nieve.

4. Pintar un molde de silicona con chocolate negro derretido sin añadirle nada y meterlo al frigorífico.
5. Una vez endurecido el chocolate, sacarlo del frigorífico y volcar en el molde la mousse de chocolate, como 4 cm de alto.
6. Verter el puré sobre la mousse de chocolate y cubrir con una capa fina de bizcocho. Recubrir de chocolate derretido. Invertir el molde y desmoldar. Decorarlo con hojas de chocolate.

Tarta de castaña y pera

Ingredientes:
- **masa:**
  150 g de mantequilla
  275 g de harina
  2 cucharadas de azúcar glas
  una pizca de sal
  1 yema de huevo
  50 g de almendra en polvo
  una cucharada de agua fría
- **relleno:**
  300 g de crema de castaña azucarada
  100 g de nata montada
  mousse de chocolate (véase receta p. 241)
  3 peras maduras

Elaboración:
1. Para realizar la masa, mezclar todos los ingredientes excepto la yema y el agua, a mano o en la batidora a baja velocidad. Cuando la mezcla esté arenosa, se incorpora la yema y luego la cucharada de agua. Envolver la masa en papel antiadherente y dejar reposar 15 minutos en el frigorífico.
2. Con el rodillo dar a la pasta un espesor de 4 mm. Tapizar con la masa quebrada un molde de tarta con fondo móvil. Presionar contra el molde comenzando

por el centro hacia los bordes. Pinchar la base con un tenedor.

3. Hornear a 180 °C hasta que se dore y una vez bien horneada la masa, retirar del horno y dejar enfriar.

4. Rellenar por este orden: crema de castaña, láminas de pera bien secas, una capa fina de nata montada y para finalizar, una capa de mousse de chocolate. Alisar bien antes de decorar.

5. Para decorar, mezclar media clara de huevo con la suficiente cantidad de azúcar glas, hasta obtener una consistencia dura. Seguir batiendo con el tenedor hasta que brille. Añadir unas gotas de zumo de limón.

6. Poner esta crema en una manga pastelera con boquilla estrecha y lisa, formar unas líneas horizontales paralelas con intervalos de 4 cm. Para concluir la decoración, con la lámina de un cuchillo, cortar esas líneas verticalmente con intervalos de 3 cm, como aparece en la ilustración.

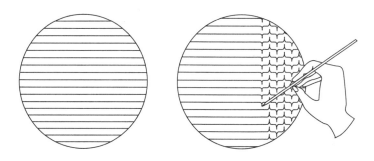

* * *

Véase fotografía.

Tarta de chocolate

Receta de Mary Bouchara

Ingredientes:
- **masa de chocolate:**
  250 g de chocolate
  ½ tacita de café
  200 g de azúcar
  8 huevos
  2 cucharadas de harina
  250 g de nueces partidas gruesas
- **crema de chocolate:**
  200 g de mantequilla o margarina
  300 g de chocolate
  ½ tacita de café
  6 cucharadas de azúcar glas
  2 cucharadas de whisky
  unas gotas de esencia de vainilla
  5 yemas
  2 claras de huevo
  nueces caramelizadas para decorar

Elaboración:
1. Para hacer la masa, derretir el chocolate con el café líquido.
2. Batir la mantequilla con el azúcar y agregar las yemas, el chocolate derretido frío, las nueces,

la harina y las claras batidas a punto de nieve.

3. Engrasar dos moldes de 25 cm, verter la masa a partes iguales y hornear a 180 °C aproximadamente 40 minutos.

4. Para hacer la crema, batir la mantequilla con el azúcar. Añadir el chocolate derretido en un poco de café líquido, el whisky, la vainilla, las yemas una a una, y las claras batidas a punto de nieve.

5. Rellenar y recubrir el bizcocho con esta crema y decorar o con nueces caramelizadas o con granillo de chocolate.

* * *

Se puede hacer esta tarta para Pésaj reemplazando la harina por matzá y eliminando el whisky.

Tarta de chocolate y praliné

Ingredientes:
- 150 g de mantequilla
- 150 g de chocolate negro
- 150 g de avellanas tostadas y molidas
- 100 g de azúcar glas
- 4 huevos
- 2 cucharadas de azúcar
- 3 cucharadas de praliné de avellanas
- ganache para decorar (véase receta p. 227)
- crema inglesa para acompañar
  (véase receta p. 213)

Elaboración:
1. Derretir el chocolate al baño María o al microondas.
2. Batir en la batidora la mantequilla con el azúcar hasta que blanquee. Añadir las yemas una a una, el chocolate derretido, el praliné y al final las avellanas molidas.
3. Montar las claras a punto de nieve con dos cucharadas de azúcar e incorporar delicadamente al chocolate.
4. Volcar la crema a un molde de silicona. (También se pueden introducir en este punto merenguitos secos dentro de la mousse.) Tapar el molde con film

antiadherente y meter en el congelador como mínimo 24 horas.
5. Desmoldar pelando el molde.
6. Cubrir la tarta aún congelada con una ganache y dejarla descongelar unos 30 minutos antes de servirla. Se puede acompañar de crema inglesa.

Tarta de hojas de brick

Receta de Elsie Bensadón

Ingredientes:
- 1 paquete de hojas de brick
- 500 g de nata montada
- 1 barra de turrón de Jijona
- crema pastelera
  (véase receta p. 214)
- azúcar glas

Elaboración:
1. Freír las hojas de brick. Se deben freír con anterioridad y reservar, intercalando cada dos hojas un papel absorbente.
2. Hacer una crema pastelera y dejarla enfriar antes de utilizarla.
3. Montar la nata con poco azúcar glas y reservar.
4. Desmenuzar el turrón de Jijona.
5. Sólo en el momento de servir la tarta se procede al montaje, que será de la siguiente forma: en un plato plano colocar dos hojas de brick fritas y cubrir con un poco de crema pastelera. Poner otra hoja de brick, cubrir con un poco de nata montada y espolvorear abundantemente con turrón de Jijona.

6. Repetiremos esta operación hasta terminar con una hoja de brick espolvoreada de azúcar glas. Servir de inmediato.

* * *

Este postre es de origen marroquí y la versión tradicional es con crema y almendras tostadas. Ésta es una versión distinta que también puede ser modificada según su criterio.

Tarta de limón

Ingredientes:
- masa quebrada (véase receta p. 236)
- crema de limón (véase receta p. 212)
- merengue decoración (véase receta p. 237)

Elaboración:
1. Hacer una masa quebrada y forrar un molde con fondo desmoldable.
2. Hornear a 180 °C hasta que esté dorada. Retirar y dejar enfriar.
3. Cubrir con la crema de limón fría y decorar la superficie de la tarta con merengue en forma de montaña. Poner la tarta unos segundos al grill para que se coloree el merengue.

* * *

Éste es un buen ejemplo de cómo se pueden unir diferentes recetas para hacer la tuya propia.

Tarta de mazapán relleno de crema de limón

Ingredientes:
- crema de limón (véase receta p. 211)
- bizcocho de naranja (véase receta p. 193)
- 500 g de mazapán (se puede comprar hecho)
- colorantes verde y rosa

Elaboración:
1. Hacer el bizcocho de naranja según la receta y hornear. Sacar del horno y dejar enfriar. Desmoldar sobre rejilla y, una vez frío, dividir el bizcocho en dos discos. Rellenar con la crema de limón tibia.
2. Colorear los 500 g de mazapán en tono verde pálido.
3. Poner el mazapán sobre una hoja de Silpat y cubrirlo con otra hoja de Silpat. Estirar con un rodillo hasta obtener un grosor de 3 mm. Si el bizcocho tiene 25 cm de diámetro, formar un disco de mazapán de unos 40 cm de diámetro de aproximadamente. Retirar el Silpat superior.
4. Levantar el bizcocho relleno con la ayuda de una espátula grande, y colocarlo con mucho cuidado en el centro del disco de mazapán que acabamos de hacer.

5. Poner un disco de cartón sobre la tarta para facilitar el vuelco. Dar la vuelta a la tarta. El mazapán se queda adherido al bizcocho. Al retirar el Silpat queda una superficie muy lisa.
6. Presionar el mazapán por los lados, recortar los bordes sobrantes y reservar para la decoración.
7. Con estos restos formar dos rollos finos, retorcerlos y colocarlos alrededor de la tarta. Juntar los bordes con una rosa de mazapán hecha con colorante rosa.

* * *

Véase fotografía.

Tarta de merengue seco y mousse de chocolate

Ingredientes:

- 5 huevos
- 150 g de azúcar
- 150 g de azúcar glas
- mousse de chocolate (véase receta p. 241)
- merengue decoración (véase receta p. 237)

Elaboración:

1. Montar en batidora eléctrica a punto de nieve las 5 claras. A medio camino, agregar dos cucharadas colmadas de azúcar y, una vez montadas, incorporar el resto del azúcar de golpe y seguir batiendo a mano (no en batidora).
2. Formar dos discos extendiendo el merengue sobre un Silpat y hornear a 100 °C durante tres horas (es mejor hacerlo la víspera).
3. Hacer una mousse de chocolate y el merengue de decoración y reservar.
4. Montar la tarta en el siguiente orden: primer disco de merengue seco, luego la mousse de chocolate, encima el segundo disco de merengue y, por último, decorar con merengue trenzado.

5. Esta tarta se puede meter en el congelador decorada, pero sacar por lo menos una hora antes de servir.

* * *

Véase fotografía.

Tarta de praliné

Ingredientes:
- 6 yemas
- almíbar (1 vaso de azúcar y ½ de agua)
- 400 g de nata
- 4 cucharadas praliné (o turrón de Jijona)
- merenguitos secos
- 200 g de nata líquida
- 250 g de chocolate negro

Elaboración:
1. Montar las yemas batiéndolas en la batidora. Agregar el almíbar. Cuando las yemas blanqueen, agregar cuatro cucharadas de praliné.
2. Montar la nata e incorporar a la crema con varillas. Esta operación debe hacerse con cuidado para que no se baje la nata.
3. Poner un molde Flexipan de silicona e introducir dentro de la crema unos cuantos merengues secos.
4. Cubrir con papel film antiadherente y congelar.
5. Cuando se vaya a servir, sacar del molde y servir con una salsa de chocolate caliente.
6. Para hacer la salsa, se pone a hervir un poco de nata líquida y se agrega, fuera del fuego, el chocolate negro, removiendo hasta que quede bien derretido.

Tarta helada de limón

Receta de Monique Hatchwell

Ingredientes:
- 7 huevos
- 200 g de azúcar
- 50 g de azúcar para mezclar
- 3 limones
- ralladura de 2 limones
- 1 cucharada de gelatina en polvo
- **coulis de fresones:**
  ½ kg de fresones
  el zumo de 1 limón
  2 cucharadas de azúcar glas
  un poco de agua

Elaboración:
1. Batir las yemas con el azúcar hasta que blanqueen. A continuación añadir el zumo de los tres limones y la ralladura de dos. Poner la mezcla al baño María, moviendo con una cuchara de madera hasta que espese.
2. Diluir la gelatina en un poco de agua fría y añadirla a la mezcla anterior.
3. Batir las claras a punto de nieve y añadir poco a poco los 50 g de azúcar. Incorporar a la mezcla.
4. Verter en un molde desmontable, engrasando el

fondo y los laterales. Mantener en el congelador hasta el momento de servir.

5. Servirlo con un coulis de fresones, fresones naturales o un coulis de mango.

6. Para hacer el coulis, triturar todos los ingredientes en la batidora y a continuación pasar por el chino. El coulis de mango se hace con las mismas cantidades que el de fresones.

* * *

La gelatina neutra es kosher *y* parve.

Tarta turrón

Ingredientes:
- dos discos de merengue:
  5 claras
  150 g de azúcar
  150 g de azúcar glas
- relleno:
  200 g de almendras tostadas sin piel
  1 bote de leche condensada de 370 g
  12 yemas
  8 bizcochos de soletilla duros
  200 g de mantequilla
- merengue decoración (véase receta p. 237)

Elaboración:
1. **Merengue:**
Montar a punto de nieve las cinco claras. A medio camino, agregar dos cucharadas colmadas de azúcar. Cuando estén ya montadas, incorporar todo el azúcar de golpe y seguir batiendo a mano (no en batidora). Formar dos discos y hornear a 100 °C durante tres horas (es mejor hacerlo la víspera).

2. **Relleno:**
Batir muy bien la mantequilla.
Agregar las yemas una a una y verter la leche

condensada poco a poco. Incorporar las almendras y los bizcochos molidos.

Dividir este relleno en dos partes y extender cada una de ellas formando dos círculos, del mismo tamaño que los discos de merengue, y meter al congelador. Colocar de forma alterna en una fuente una placa de merengue y otra de crema congelada. Decorar con merengue y volver a congelar la tarta. Sacar dos horas antes de consumir.

Tocino de cielo

Ingredientes:
- 8 yemas
- 4 huevos
- 2 vasos de azúcar
- 1 vaso de agua
- extracto de vainilla
- azúcar para caramelizar un molde

Elaboración:
1. Hacer un almíbar flojo con los dos vasos de azúcar y el vaso de agua.
2. Hacer un caramelo dorado oscuro y repartirlo cuidadosamente por la flanera.
3. En un cuenco poner los huevos y las yemas. Batirlas con un tenedor. Pasarlas por un colador a otro cuenco y echar el almíbar caliente, de un solo vuelco, batiendo con unas varillas solamente para que el almíbar se ligue bien con los huevos.
4. Verter el preparado en el molde que ya estará frío. Meter al horno al baño María a 150 °C y tapado durante 35 minutos.
5. Dejar enfriar. Aflojar los bordes con un cuchillo y desmoldar.

Tommis

Receta de Hadra Levy

Ingredientes:
- 120 g de azúcar
- 250 g de mantequilla
- 160 g de avellanas tostadas molidas
- 300 g de harina
- 4 cucharadas de leche
- 100 g de chocolate
- azúcar glas para decorar

Elaboración:
1. Batir la mantequilla con el azúcar. Agregar las avellanas tostadas y molidas, las dos cucharadas de leche, y finalmente la harina poco a poco.
2. Estirar la masa con el rodillo y recortar unas galletas con forma ovalada. Hornear a 180 °C durante unos 12 minutos y dejar enfriar.
3. Derretir el chocolate con dos cucharadas de leche.
4. Una vez que las galletas estén frías, unirlas de dos en dos poniendo un poco de chocolate entremedias. Espolvorear con azúcar glas.

Problemas y soluciones

PROBLEMA	CAUSA	SOLUCIÓN
El **merengue** no consigue volumen y consistencia.	Puede que los utensilios tengan algo de grasa.	Tienen que estar siempre limpios y secos.
El **merengue** horneado tiene bolitas de almíbar o caramelo por encima.	No tiene suficiente azúcar. No está bien horneado. Claras muy montadas.	
El **merengue** está demasiado dorado.	Exceso de azúcar glas al espolvorear antes de hornearlo.	
La mezcla para la **masa** parece cortada al batirla.	Los ingredientes están muy calientes o muy fríos.	Los huevos han de utilizarse a temperatura ambiente y deben ser añadidos uno a uno lentamente.
El **bizcocho** ha perdido volumen una vez horneado.	Ha utilizado harina fuerte. No ha batido suficientemente las claras.	Las claras a punto de nieve tienen que estar firmes.
El **bizcocho** se encoge después de la cocción.	Demasiada azúcar. Demasiada materia grasa (mantequilla, margarina, aceite...).	Rectificar receta.
El **bizcocho** tiene una textura pesada.	Lleva poca levadura. La temperatura del horno es muy baja.	
Nuestra **masa** tiene forma irregular.	No está muy bien extendida en el molde.	Extender bien la masa y verificar que la bandeja del horno esté bien nivelada.

Tabla de equivalencias

Medidas de temperaturas

CELSIUS	FARENHEIT
50 °C	120 °F
100 °C	210 °F
150 °C	300 °F
170 °C	340 °F
180 °C	350 °F
200 °C	390 °F

Medidas de peso

ONZAS	GRAMOS	LIBRAS
1 oz	28 g	0,06 lb
2 oz	57 g	0,13 lb
3 oz	85 g	0,19 lb
4 oz	113 g	0,25 lb
5 oz	142 g	0,31 lb
6 oz	170 g	0,38 lb
7 oz	198 g	0,44 lb
8 oz	227 g	0,50 lb

Medidas de líquidos

TAZA	CUCHARADAS	ML
1 T	16 Cu	237 ml
1/2 T	8 Cu	118 ml
1/4 T	4 Cu	59 ml
1/8 T	2 Cu	30 ml
1/16 T	1 Cu	15 ml

Fiestas y conmemoraciones judías

Los judíos celebran, a lo largo del año, fiestas y conmemoraciones prescritas en la Biblia o establecidas por la tradición. Cada una de ellas se celebra en el hogar con determinados alimentos y, por supuesto, con dulces típicos.

Entre las prescritas en la Biblia están las siguientes:

Pésaj: recuerda la liberación de los judíos esclavizados en Egipto. Un hecho milagroso relatado en el libro bíblico del Éxodo que en las familias sefarditas se celebra con el ritual de la Pascua y además con suculentos dulces todos ellos exentos de levadura como:

- Berenjenitas en dulce
- Bizcocho de avellanas
- Cake de nueces y almendras
- Flan de almendras y naranja
- Letuario de pomelo
- Letuario de limón
- Letuario de uvas negras

- Letuario de tomatitos de la India
- Marronchinos
- Pudin de almendra
- Reventones
- Tarta helada de limón

Timimona o Mimona: es la noche en que termina Pésaj. Se acostumbra a invitar a la casa a familiares y amigos y reunirlos alrededor de una bonita cena en la que tradicionalmente se sirven junto con la lechuga untada en miel:

- Miga de almendras
- Pudin de almendra
- Tocino de cielo

Shavuot: conmemora la revelación divina al pueblo de Israel en el desierto del Sinaí. En esta ocasión se degustan productos lácteos y dulces confeccionados con leche o queso:

- Fartalejos de queso
- Palantchincas
- Pastelitos de hoja y almendras
- Jarabullos

Sucot: significa «cabañas». Es la conmemoración del Éxodo y la larga marcha de los esclavos milagrosamente liberados de Egipto, camino de la tierra de Israel. Para Sucot se suelen confeccionar dulces especiales como son:

- Tangerinas

Rosh Hashaná: es el año nuevo judío. Es costumbre celebrarlo en el hogar con la elaboración de dulces como:

- Bienmesabe
- Plato montado

Yom Kipur o Día del Perdón es un día de ayuno estricto que empieza la víspera al atardecer. Para terminar el ayuno se suele poner una mesa de dulces entre los que destacan:

- Yemas batidas con azúcar
- Monas
- Hojuelas o fijuelas
- Pasta real
- Letuario de membrillo
- Pan de Fez

Dos fiestas establecidas por la tradición son **Janucá y Purim**, en las que se recuerdan sendos acontecimientos históricos:

Janucá: celebra la purificación del Templo Sagrado de Jerusalén, profanado por las tropas ocupantes helénicas tras la milagrosa victoria de un puñado de valientes —los macabeos— en lucha contra el potente imperio griego. Algunos dulces tradicionales de este día son:

- Buñuelos rellenos de mermelada
- Buñuelos ligeros
- Rosquitas fritas
- Fritos con miel
- Macrotes

Purim: es una festividad muy popular en la que se recuerda la liberación del pueblo de Israel amenazado de exterminio en el antiguo imperio persa. El relato del milagro figura en el libro bíblico de Esther. Las familias acostumbran a intercambiar platos de dulces entre los que figuran, por ejemplo:

- Almendrados
- Caberzales
- Tarta de almendra
- Egipcios
- Orejas de Amán
- Monas
- Cuadraditos de dátiles y nueces

Glosario

Almíbar

El almíbar se consigue calentando agua con azúcar. Existen muchas recetas y distintas proporciones. Los almíbares que hay en este libro son en su mayoría caseros. Los que se utilizan en pastelería son: **ligero** (para emborrachar bizcochos, hecho con una medida de azúcar y dos medidas de agua, utilizado en caliente), **espeso** (para aligerar la pasta de almendras, hecho con una medida de azúcar y una medida y media de agua, llevar a ebullición y utilizar en frío) y **a punto de hebra** (para envolver rosquillas, hecho con dos medidas de azúcar y una de agua, se forma hebra entre el pulgar y el índice y no se rompe).

Caramelizar

Derretir azúcar en una sartén hasta formar un caramelo dorado. Verterlo caliente en un molde, inclinándolo de lado a lado y deslizándolo hasta cubrir el fondo y las paredes del molde con mucho cuidado para evitar quemarse.

Cascarón de huevo

Muchas recetas tradicionales sefardíes utilizan un cascarón de huevo como medida. Corresponde a tres cucharadas aproximadamente.

Claras a punto de nieve

Batir las claras hasta que estén muy firmes, compactas o consistentes.

Hojas de brick

Hojas de pasta muy fina que se pueden adquirir en grandes superficies comerciales. Mientras trabajamos con ellas es importante mantenerlas bajo un paño húmedo, ya que se secan con mucha facilidad.

Horno

Para todas las recetas es muy importante precalentar el horno antes de introducir en él los alimentos. En estas recetas de dulces se recomienda utilizar el horno en la posición de ventilador o de calor arriba y abajo.

Kosher

Siginifica apto, lícito según la ley judía. Uriel Macías da una explicación muy detallada acerca de las leyes dietéticas judías en su libro *La cocina judía: leyes, costumbres y algunas recetas*, coeditado por Alfonso Martínez y Red Juderías de España, 2003.

Levadura

Hoy en día podemos encontrar fácilmente la levadura en polvo, pero también podemos adquirir levadura prensada en panaderías y tiendas especializadas. La levadura en polvo se puede utilizar directamente, mientras que la prensada debemos diluirla primero con un poco de líquido.

Matzá o pan ácimo

Harina de trigo amasada con agua pura sin ningún agente fermentativo. En la festividad de Pésaj los judíos celebran la salida de sus ancestros esclavos de Egipto y se abstienen de consumir cualquier masa de harina fermentada. La harina de *matzá* no es otra cosa que pan ácimo molido muy fino y que sirve para emplearla en cocina y repostería.

Moldes de silicona o Flexipan®
Moldes flexibles para hornear fabricados en silicona que se encuentran ya en muchas grandes superficies o tiendas especializadas. Son más antiadherentes, más ligeros, más fáciles de guardar y no se deterioran.

Parve
Palabra que quiere decir «neutro» y está relacionado con cualquier alimento que no contenga ni leche ni carne, ni que derive de ninguno de los dos. La separación de carne y leche tiene su origen en la prescripción bíblica de «no cocer el cabrito en la leche de su madre».

Praliné
Nougatine, guirlache de avellanas o almendra pulverizado en una trituradora.

Silpat®
Tapete de silicona antiadherente usado por profesionales y que se puede adquirir en tiendas especializadas. Puede ser sustituido por papel encerado.

Tamizar
Pasar algo por el tamiz o cedazo. Se puede utilizar también un colador de agujeritos pequeñitos. Para todas las recetas de repostería es muy importante tamizar primero la harina para que no se formen grumos o pelotitas de harina.

Vainilla
Es un fruto en forma de vaina de la familia de la orquídea. Una vez seca, tiene que estar flexible, de un color marrón y buen aroma. La

mejor suele ser de Tahití o de Madagascar. Para usarla hay que hacer una incisión a lo largo de la vaina, retirando la semilla húmeda con la punta de un cuchillo. Estas semillas no se disuelven, es decir, que se mantendrán visibles en la crema como si fueran puntitos oscuros. Una vez retiradas las semillas, se puede introducir la vaina en azúcar para conseguir azúcar con sabor a vainilla. También existe el extracto de vainilla y la imitación de vainilla o vainilla artificial, fabricada con vainilla sintética. Esta última, más económica, es menos aromática que el extracto puro.

Agradecimientos

A Micael, marido ejemplar, por su amor, su bondad y paciencia,
siempre alentándome a seguir adelante.

A mis hijos, nueras, yernos y nietos, por sus críticas, imprescindibles
para mejorar las recetas.

A mi muy querido rabino Benito Garzón, que se prestó a ayudarme
en todo apenas le comenté el proyecto.

A Esther Bendahan, que creyó en mi trabajo y me lo facilitó.

A Juan Mari Arzak, gran amigo y autor del prólogo.

A Vico Mitrani, mi consuegro, por prestarme el cuaderno de recetas
de su madre que aparece en las guardas del libro.

A mi hermana Mimi, por su cariño y por ser como es.

A Clara María de Amezua, por ser la primera persona que me animó
a impartir cursos de cocina.

A Tuny Cohen y Gladys Serfaty, grandes amigas y apoyos
incondicionales desde el principio de mis andanzas culinarias.

A Daniel Quintero, por sus buenos consejos.

A Susan Guenun, por dedicarme tanta atención.

A Mari Carmen Marchal, mi brazo derecho durante treinta años,
constantemente de buen humor y siempre dispuesta a probar
todas las recetas.

A Silvia Pilo, sin su ayuda hubiera sido muy difícil terminar este
libro.

A Manuel Renau, extraordinario fotógrafo.

A la editorial MR, cuyos colaboradores han estado muy pendientes
de mi trabajo.

Y finalmente, a todas mis amigas, que, con sus recetas y sus buenas
indicaciones, colaboraron con tanto cariño en la elaboración de
este libro.

España
Av. Diagonal, 662-664
08034 Barcelona (España)
Tel. (34) 93 492 80 36
Fax (34) 93 496 70 58
Mail: info@planetaint.com
www.planeta.es

P.º Recoletos, 4, 3.ª planta
28001 Madrid (España)
Tel. (34) 91 423 03 00
Fax (34) 91 423 03 25
Mail: info@planetaint.com
www.planeta.es

Argentina
Av. Independencia, 1668
C1100 ABQ Buenos Aires
(Argentina)
Tel. (5411) 4382 40 43/45
Fax (5411) 4383 37 93
Mail: info@eplaneta.com.ar
www.editorialplaneta.com.ar

Brasil
Rua Ministro Rocha Azevedo, 346 -
8.º andar
Bairro Cerqueira César
01410-000 São Paulo (Brasil)
Tel. (5511) 3087 88 88
Fax (5511) 3898 20 39

Chile
Av. 11 de Septiembre, 2353, piso 16
Torre San Ramón, Providencia
Santiago (Chile)
Tel. Gerencia (562) 431 05 20
Fax (562) 431 05 14
Mail: info@planeta.cl
www.editorialplaneta.cl

Colombia
Calle 73, 7-60, pisos 7 al 11
Bogotá, D.C. (Colombia)
Tel. (571) 607 99 97
Fax (571) 607 99 76
Mail: info@planeta.com.co
www.editorialplaneta.com.co

Ecuador
Whymper, N27-166, y A. Orellana,
Quito (Ecuador)
Tel. (5932) 290 89 99
Fax (5932) 250 72 34
Mail: planeta@access.net.ec
www.editorialplaneta.com.ec

Estados Unidos y Centroamérica
2057 NW 87th Avenue
33172 Miami, Florida (USA)
Tel. (1305) 470 0016
Fax (1305) 470 62 67
Mail: infosales@planetapublishing.com
www.planeta.es

México
Av. Insurgentes Sur, 1898, piso 11
Torre Siglum, Colonia Florida, CP-01030
Delegación Álvaro Obregón
México, D.F. (México)
Tel. (52) 55 53 22 36 10
Fax (52) 55 53 22 36 36
Mail: info@planeta.com.mx
www.editorialplaneta.com.mx
www.planeta.com.mx

Perú
Grupo Editor
Jirón Talara, 223
Jesús María, Lima (Perú)
Tel. (511) 424 56 57
Fax (511) 424 51 49
www.editorialplaneta.com.co

Portugal
Publicações Dom Quixote
Rua Ivone Silva, 6, 2.º
1050-124 Lisboa (Portugal)
Tel. (351) 21 120 90 00
Fax (351) 21 120 90 39
Mail: editorial@dquixote.pt
www.dquixote.pt

Uruguay
Cuareim, 1647
11100 Montevideo (Uruguay)
Tel. (5982) 901 40 26
Fax (5982) 902 25 50
Mail: info@planeta.com.uy
www.editorialplaneta.com.uy

Venezuela
Calle Madrid, entre New York y Trinidad
Quinta Toscanella
Las Mercedes, Caracas (Venezuela)
Tel. (58212) 991 33 38
Fax (58212) 991 37 92
Mail: info@planeta.com.ve
www.editorialplaneta.com.ve

Grupo 🌐 Planeta   MR es un sello editorial del Grupo Planeta www.planeta.es

i alcavo el polvo backpulver
se carichrea boeno i se
escondia la mitad en ou
forma ountada, la otra
mitad que keda se carichtre
bien con el cacao i se
escondia con coutchara
enriva de la mitad que
esta en la forma, se ase
attention que se tape
entera con este melange
de cacao i se manda
al orno. Se poede etcha
i oun vaso de manteca
fresca no diritida.

―――――――

bonicos friidos:
2 goevos, 1/4 yagourt 7 coutch
arina, 1/2 coutcharica de soda
carichtriado con coutchara
i con coutchara escondiado
topisicos à la aseti or mante
friendo, kitandolo espolvorear
                    assoucar

―――――――